M. ARDOUIN 1972

L'INSTITUTRICE

PAR

EUGÈNE SUE.

2

PARIS
ALEXANDRE CADOT, ÉDITEUR,
33, RUE SERPENTE.

1851

L'INSTITUTRICE.

Ouvrages de A. de Goudrecourt.

EN VENTE

Le Bout de l'oreille.	7 vol.
Le Légataire.	2 vol.
Les Péchés mignons	5 vol.
Médine.	2 vol.
La Marquise de Candeuil	2 vol.
Un Ami diabolique	5 vol.
Les derniers Kerven.	2 vol.

Sous presse.

Mémoires d'un vieux Garçon
La Chasse aux diamants.
La Tour de Dago.

Ouvrages du Marquis de Foudras.

EN VENTE.

Un Caprice de grande dame.	3 vol.
Un Capitaine de Beauvoisis.	4 vol.
Jacques de Brancion.	5 vol.
Les Gentilshommes chasseurs.	2 vol.
Les Viveurs d'autrefois.	4 vol.
Les Chevaliers du Lansquenet	10 vol.
Lord Algernon	4 vol.
Madame de Miremont	2 vol.
Lilla la Tyrolienne.	4 vol.
Tristan de Beauregard	4 vol.
Suzanne d'Estoaville.	4 vol.
La comtesse Alvinzi	2 vol.
Le Capitaine La Curée.	4 vol.

Sous presse.

Dames de cœur et Dames de pique.
Le dernier des Roués.
Un Drame en famille.
Les Veillées de la Saint Hubert.
Le Commandeur de Pontaubert.
Diane et Vénus.
Madeleine Repentante (*suite du Caprice*).

Ouvrage d'Alexandre Dumas.

LA COMTESSE DE SALISBURY.
6 volumes in-8.

On vend séparément les derniers volumes pour compléter la première édition.

Impr. de E. Dépée, à Sceaux (Seine).

L'INSTITUTRICE

PAR

EUGÈNE SUE.

2

PARIS
ALEXANDRE CADOT, ÉDITEUR,
33, RUE SERPENTE.

1851

I

I

Après le départ de M. de la Botardière, M. et madame de Morville gardèrent pendant quelques instants le silence.

— Sans doute, mon ami, cette rupture est fâcheuse, — dit enfin madame de Morville à son mari ; — il nous est impossible de revoir ton oncle, mais nous avons fait notre devoir.

— Merci, noble et loyale femme ! — reprit M. de Morville en pressant la main de sa femme avec effusion,—merci d'avoir si dignement repoussé jusqu'à la pensée d'une sordide et lâche concession au caprice d'un homme aveuglé par une incroyable prévention.

— Pouvais-je agir autrement, mon ami, après les explications si naturelles, si franches de mademoiselle Lawson sur un incident de son voyage qui nous paraissait d'abor dinexplicable? Et d'ailleurs, autant du moins que nous en avons pu juger jusqu'ici, ton frère a été plutôt au-dessous de la vérité dans les éloges qu'il nous a faits de miss Mary.

— Bien, Louise, bien! et toujours de mieux en mieux.

— Que veux-tu dire, mon ami?

— Tiens, je te l'avoue, après ce contretemps qui amenait ici mademoiselle Lawson, que nous n'attendions plus; après notre entretien de ce matin, dans lequel tu m'avais fait des aveux si pénibles, et dont maintenant je reconnais avec bonheur l'exagération, je craignais que l'arrivée de miss Mery ne fût pas accueillie par toi comme elle l'a été. Je craignais que, sans partager les absurdes préventions de mon oncle contre cette jeune personne.

—Ecoute, mon ami,—reprit madame de Morville en interrompant son mari ; — je suis, tu le sais, une femme toute de premier mouvement, toujours préférable chez moi à la réflexion. Je ne te l'ai pas caché, la venue de mademoiselle Lawson m'a, pour plusieurs raisons, vivement contrariée, je ne veux pas dire affligée. Je suis descendue avec toi au salon dans des dispositions peu favorables pour elle ; mais il m'a été impossible de résister au charme, à la franchise de cette jeune personne, à la fois si modeste et si digne. Que te dirai-je ?... J'ai été malgré moi tentée d'admirer sa rare beauté, qui, cependant, fait paraître Alphonsine presque laide.

— Allons, Louise, — reprit en souriant M. de Morville, — je suis un père plus aveugle, ou plutôt plus clairvoyant que toi ; je t'assure que l'expressive et aimable figure d'Alphonsine ne perd rien auprès de la beauté régulière de miss Mary.

— Mon ami, tu parles d'exagération, en voilà une trop forte ! mademoiselle Lawson est une des personnes les plus remarquablement belles que j'aie jamais vues, et en vérité il n'est pas juste de la comparer à Alphonsine !

— Loin de là ! Je me garde bien de les comparer. A quoi bon ? Alphonsine a son charme, miss Mary a le sien ; n'est-il pas des gens aussi riches, aussi heureux, avec dix mille livres de rentes, que d'autres avec cent mille ?

— Alphonsine et son frère ne seront

plus, du moins, exposés à ce bonheur-là, maintenant.

— Je ne te comprends pas.

— Je connais ton oncle, sa résolution sera inébranlable : c'est donc au moins vingt-cinq ou trente mille livres de rente que chacun de nos enfants perd aujourd'hui.

— C'est un malheur... Que faire à cela?

— Rien, assurément, c'est fait, c'est fait;

mais enfin, tu m'avoueras, du moins, que mademoiselle Lawson n'est pas absolument ce qu'on peut appeler *un porte-bonheur*.

— Louise, est-ce toi qui parles ainsi, toi qui as si dignement relevé les dernières et outrageantes paroles de mon oncle ?

— Eh ! mon Dieu, mon ami, je ne regrette pas ce que j'ai dit, j'agirais encore de la même manière, probablement ; mais tu ne m'empêcheras pas de réfléchir que si le désintéressement et l'équité sont de beaux sentiments, ils coûtent parfois un peu cher.

— Je veux au contraire t'empêcher de *réfléchir*, ma chère Louise, — reprit affectueusement M. de Morville. — Tu l'as dit toi-même, et c'est vrai, tes premiers mouvements sont excellents. Pourquoi? parce que tu suis l'impulsion de ton noble cœur; mais parfois la réflexion pourrait tout gâter : je ne souffrirai donc pas, madame Louise, que vous réfléchissiez, — ajouta M. de Morville avec un sourire plein de finesse et de bonté. — Oui, je serai assez tyran pour vous empêcher de regretter ces premiers élans de votre âme, toujours si justes, si généreux.

— Si tu as ce pouvoir, mon ami, je bénirai ta tyrannie ; car, tu as raison, j'ai été comme toi révoltée des outrageants soupçons de ton oncle à notre égard et de son injustice envers miss Mary. Tout à l'heure cependant, j'ai presque reproché à cette pauvre miss la perte de cet héritage pour nos enfants. Quelle chose étrange que le cœur humain !

— Certes ; mais ces contrastes, ces inconséquences, ces brusques revirements amenés par la réflexion dans la manière de voir et de sentir n'ont rien de fâcheux lorsqu'ils se passent entre nous deux. Nous savons l'un et l'autre ce que nous avons au fond de l'âme. Suppose au contraire que cette injuste pensée de reprocher à miss Mary la perte de cet héritage te soit échappée devant elle. Juge, ma chère Louise, quel coup douloureux pour une âme délicate et élevée comme doit être la sienne !

— C'eût été odieux de ma part !

— Oui, car miss Mary se trouve dans cette alternative : ou de tout endurer, de tout souffrir en silence, ou d'abandonner une place qui doit faire vivre sa famille.

— Pauvre fille, elle est vraiment à plaindre !

— A moi, tu me dis, regrettant ta mauvaise pensée de tout à l'heure : *Chose étrange que le cœur humain,* et je te comprends, parce que depuis vingt ans je te connais et je sais t'apprécier ; mais franchement, chère Louise, croirais-tu consoler miss Mary, lui faire oublier une cruelle blessure par cette réflexion : *Chose étrange que le cœur humain ?*

— Non, non, elle serait à bon droit blessée douloureusement. Ah ! mon ami, quel malheur que notre lettre à ton frère soit partie trop tard !

— Non, Louise, Il faut au contraire accepter ce contre-temps comme un bonheur, grâce auquel l'éducation d'Alphonsine sera aussi achevée qu'elle eût été malheureusement incomplète ; j'avais cédé un peu malgré toi à ton désir de n'avoir plus d'institutrice, mais j'ai assez de confiance dans ton amour maternel pour être certain que tu t'applaudiras chaque jour de l'arrivée de miss Mary.

— Je sens, mon ami, la justesse de tes

observations. D'ailleurs, par égard pour ton frère, pour ma fille, pour moi-même, et surtout pour cette jeune personne, digne, après tout, d'intérêt, il est de mon devoir de rendre sa position aussi heureuse que possible. Seulement, — ajouta madame de Morville en souriant, — je suis bien résolue à conserver une de mes *conquêtes*.

— Laquelle ?

— Depuis le départ de mademoiselle Lagrange, ma fille couche dans une des pièces de notre appartement, au lieu d'occuper la chambre du second près de celle de son ancienne institutrice ; je suis décidée à garder Alphonsine près de nous : j'y gagnerai une bonne heure de possession le matin et le soir. Incorrigible et insatiable mère que je suis !

— A merveille ! ma chère Louise, rien de plus naturel. Miss Mary, voyant à son entrée ici cette habitude prise, trouvera tout simple que, contre l'usage assez généralement établi, Alphonsine n'occupe pas une chambre contiguë à celle de son institutrice.

— Mais j'y songe, mon ami, voici bientôt l'heure du dîner ; je ne sais si madame Pivolet s'est occupée de l'appartement de miss Mary.

— Je vais sonner madame Pivolet, — reprit M. de Morville en tirant le cordon d'une sonnette, — et lui signifier encore d'avoir à contenir son intempérance de langue et d'imagination au sujet de mademoiselle Lawson, car, en interprétant et à sa manière quelques-unes des injustes récriminations de mon oncle au sujet de miss Mary, l'insupportable Pivolet bâtirait des histoires aussi saugrenues que désagréables.

— Heureusement, mon ami, ces propos,

si absurdes et surtout partis de si bas, ne parviendraient jamais aux oreilles de mademoiselle Lawson. Mais tu as raison de parler très sévèrement à madame Pivolet.

La femme de charge entra à ce moment chez ses maîtres d'un air lugubre ; elle s'ingéniait à se donner la sombre physionomie d'une victime récemment arrachée des *oubliettes du château*.

— Madame Pivolet, — lui dit sa maîtresse, — avez-vous songé à préparer la chambre et le petit salon de mademoiselle Lawson?

— De mademoiselle Lawson, — demanda la femme de charge avec affectation et comme si elle tombait des nues. — Comment, madame ? la chambre de mademoiselle Lawson ?

— Oui, la chambre de l'institutrice de ma fille, — reprit impatiemment madame de Morville ; — vous avez l'air de revenir de l'autre monde.

— Madame, sans revenir de l'autre monde, où j'ai bien manqué d'aller tout à l'heure, épuisée que j'étais par la faim, — répondit madame Pivolet d'un air pincé, en jetant un craintif regard sur le cabinet où elle avait été *emprisonnée*, — il m'est bien permis d'ignorer que mademoiselle a une nouvelle institutrice, se nommant mademoiselle Lawson. Madame et monsieur savent qu'il n'est pas dans mes habitudes d'oser m'informer de ce qui ne me regarde point.

— Je désire que vous persistiez dans ces velléités de réserve et de discrétion, — reprit sévèrement M. de Morville, — car, je vous le répète, faites-y bien attention, madame Pivolet, si vous vous avisez de faire de mademoiselle Lawson le texte de vos ridicules histoires (et je vous préviens que j'aurai l'oreille au guet), vous ne resterez pas vingt-quatre heures ici. Il m'est très pénible de revenir sur ce sujet, car je sais votre attachement pour nous et votre scrupuleuse probité : aussi j'espère que vous ne me mettrez pas dans la dure nécessité de sévir.

— Monsieur peut être assuré que je me conformerai à ses ordres, — répondit la femme de charge avec une humilité pleine de componction. — J'avoue mes torts, je demande seulement à monsieur et à madame de me donner le temps et l'occasion de les réparer.

— A la bonne heure, madame Pivolet,

— reprit madame de Morville. — Vous préviendrez donc Julienne qu'elle sera chargée du service de miss Mary.

— Oui, madame.

— Vous allez à l'instant faire préparer l'appartement de mademoiselle Lawson ; veillez à ce que l'on allume un bon feu dans cette chambre, car elle n'a pas été habitée depuis longtemps, et il fait ce soir un froid humide et glacial.

— Les ordres de madame seront exécutés. Il faudra sans doute aussi faire le lit de mademoiselle Alphonsine dans la seconde chambre, comme du temps de mademoiselle Lagrange ?

— Non, ma fille restera près de moi.

— C'est différent, madame.

— N'oubliez pas non plus de mettre dans la chambre de miss Mary une théière et une boîte à thé; elle est Anglaise, et elle a sans doute l'habitude de prendre souvent du thé.

— Monsieur et madame peuvent être

certains que tous leurs ordres seront exécutés, — répondit madame Pivolet d'un air tout confit en douceur. Et elle sortit laissant ses maîtres convaincus de sa repentance et de son bon vouloir au sujet de miss Mary.

II

II

Madame Pivolet, en quittant ses maîtres, s'occupait de tramer dans sa féconde imagination un complot des plus machiavéliques à l'endroit de la *belle Anglaise*, comme elle disait. Elle se rendit d'abord à la lingerie, dont elle avait la surintendance, ouvrit les armoires, y choisit une paire de draps fins, puis une autre paire parmi ce qu'elle put trouver de plus grossier, de plus rude parmi les draps de domestique ; mit le paquet sous son bras, et se dirigea vers la chambre de la nouvelle institutrice en disant :

— Ces draps seront encore trop bons pour toi, la belle Anglaise ! Si tu te plains (tu ne te plaindras pas, tu m'as l'air beaucoup trop fière pour ça), je dirai que Julienne s'est trompée de draps. Cette vilaine pleurnicheuse de Lagrange en a vu bien d'autres. Ah ! mes pécores ! vous venez prendre dans la maison le premier rang après les maîtres, et me renvoyer au second. Ah! vous mangez avec les maîtres, pendant que moi, qui suis ici femme de confiance depuis quinze ans, et qui vous vaut bien, je mange à l'office. Ah! vous venez accaparer mon Alphonsine, que j'ai nourrie de mon propre lait, et vous croyez que madame Pivolet, qui n'est point sotte, souffrira ceci? Non pas, non pas! ça sera bien le diable si, après avoir fait à coups d'épingles déguerpir la première institutrice, sur laquelle il n'y avait rien à dire, — elle était trop laide pour cela, — je ne fais pas déguerpir la seconde, cette belle aventurière, comme l'a prouvé ce brave M. de la Botardière, que cette intrigante a déjà brouillé avec mes maîtres. Il est parti furieux, car il a dit à Baptiste, qu'il a rencontré sous le vestibule : — « Je ne remettrai jamais les pieds dans cette maison ! Et il est monté dans son char à bancs jonquille, et a donné tant de coups de fouet à ce malheureux Roncevaux, qu'il a pris le galop. Or, si M. de la Botardière ne remet jamais les pieds ici, il déshéritera, c'est sûr, monsieur et madame, et nécessairement ma petite Alphonsine. Jour de Dieu ! la belle Anglaise ! et tu crois que cela se passera comme ça ? Non, non ! à l'œuvre, et dès ce soir.

Ce disant, la femme de charge se rendit dans la chambre qui avait été précédemment occupée par mademoiselle de Morville, et qui avoisinait celle de son institutrice ; ces deux chambres, séparées par un petit salon, étaient confortablement meublées, mais n'ayant pas été habitées depuis longtemps, et cette journée de fin d'automne ayant été froide et pluvieuse, il régnait un froid glacial dans cet appartement; afin d'ajouter autant que possible à cet inconvénient, madame Pivolet ouvrit toutes grandes les deux fenêtres de la chambre précédemment occupée par mademoiselle de Morville, afin de bien y laisser pénétrer l'humidité de la pluie qui commençait de tomber ; puis, après avoir tant bien que mal garni le lit de gros draps, elle laissa la cheminée sans feu, se garda de placer sur une console la théière et la boîte à thé qu'elle avait apportée, s'assura seulement qu'il y avait des bougies dans les flambeaux, puis contemplant avec une sorte de satisfaction cette chambre froide et triste, où s'engouffrait le vent d'automne, madame Pivolet se dit :

— Qui ne risque rien n'a rien ! Si je peux parvenir ce soir à emmener la belle Anglaise dans cette chambre comme la sienne, elle se souviendra de sa première nuit au château de Morville... Mais il ne faut pas me compromettre : nécessairement, Alphonsine ou madame viendront s'assurer par elles-mêmes que j'ai exécuté les ordres qu'on m'a donnés.

Alors madame Pivolet, avec un machiavélisme infernal, se rendit dans la chambre véritablement destinée à l'institutrice, mit les draps fins au lit, fit un bon feu dans la cheminée, ferma soigneusement les fenêtres et les rideaux, mit bien en évidence la théière et la boîte à thé, accomplit enfin quant à cette chambre tous les ordres qu'elle avait reçus.

Bientôt madame de Morville vint s'assurer par elle-même que la chambre de miss Mary était convenablement disposée pour la recevoir lorsqu'elle se retirerait chez elle.

— J'ai préféré me charger moi-même de ce soin, madame, — dit la femme de charge à sa maîtresse, — pour être certaine que rien ne serait oublié.

— C'est un empressement dont je vous sais gré, madame Pivolet, — dit madame de Morville en sortant.

Madame Pivolet ferma la chambre où était allumé le feu, mit la clef dans sa poche, traversa le petit salon qui séparait ces deux pièces l'une de l'autre, et, comme elle pensait à tout, au sortir de l'appartement donnant sur un long corridor éclairé par plusieurs fenêtres, elle en ouvrit deux, qu'elle laissa battantes, comptant, et elle ne se trompa pas, que le vent briserait quelques carreaux. Ces ténébreux préparatifs terminés, elle alla dîner et attendit avec anxiété le moment où mademoiselle Lawson devait regagner sa chambre. L'heure du service du thé arrivé, madame Pivolet, sachant que ses maîtres ne tarderaient pas à se coucher, prit un bougeoir allumé et alla se poster dans un billard que mademoiselle Lawson devait traverser pour gagner le vestibule et monter de là chez elle. Madame Pivolet triomphait si l'institutrice se rendait seule dans sa chambre, chose peu probable cependant, car madame de Morville, ou du moins sa fille, devait, pour la première nuit surtout, accompagner miss Mary jusqu'à sa porte, autant par égard que pour lui indiquer où elle logeait.

Grande était donc la perplexité de madame Pivolet ; elle compta sur le hasard et sur son imagination, qu'elle avait déjà mise à contribution en allant chercher un des manteaux de mademoiselle de Morville ; elle le portait plié sur un bras, et tenait de l'autre main son bougeoir allumé ; bientôt la porte du salon s'ouvrit, et la femme de charge entendit la voix de madame de Morville s'adressant ainsi à miss Mary :

— Puisque vous ne voulez pas absolument permettre, mademoiselle, que je vous accompagne pour vous conduire chez vous, Alphonsine va me remplacer.

En effet, la jeune fille sortit avec miss Mary Lawson, qui lui disait :

— De grâce, mademoiselle, ne vous donnez pas cette peine.

— Pardon, mademoiselle, il faut bien

que je vous apprenne d'abord où est votre appartement, et puis je tiens à m'assurer qu'il ne manque rien chez vous, quoique maman y soit allée avant dîner.

— Vous voyez qu'il est inutile de vous déranger, puisque madame votre mère a bien voulu déjà s'occuper de moi.

— Mademoiselle, — dit alors madame Pivolet à Alphonsine, en lui offrant le manteau, — couvrez-vous surtout.

— Comment! un manteau pour monter là haut? Y songes-tu?

— Mademoiselle, je ne sais qui a malheureusement laissé deux des croisées du corridor ouvertes ; mais l'ouragan a brisé tous les carreaux, le vent et la pluie fouettent dans ce passage.... Vous risqueriez d'attraper un gros rhume, une fluxion de poitrine.

— Décidément, mademoiselle Alphonsine, — dit miss Mary en souriant, — je prends mon rôle de maîtresse d'école, et j'exige que vous n'alliez pas plus loin.

— Mademoiselle Mary, si vous saviez combien ma nourrice exagère dans tout ce qu'elle dit !

— Je vous assure, mademoiselle, que je n'exagère pas, — reprit la femme de charge en frissonnant d'un froid rétrospectif. — Je viens de traverser le corridor; je suis encore toute transie. Jugez donc vous, qui avez la poitrine si délicate !

— Moi ! tu rêves ?

Madame Pivolet, s'adressant alors respectueusement à miss Mary, lui dit :

— Si j'osais, mademoiselle, je vous demanderais d'empêcher mademoiselle Alphonsine de vous conduire chez vous; il fait très-chaud dans le salon, et le courant d'air glacial de là-haut pourrait faire beaucoup de mal à mademoiselle.

— Chère Alphonsine, — reprit miss Mary d'une voix irrésistible, — je n'exige plus... non, je vous supplie en grâce de ne pas insister davantage pour m'accompagner.

Mademoiselle de Morville, de crainte d'être importune, céda, quoiqu'à regret, au désir de miss Mary et lui dit :

— Au moins, mademoiselle, prenez ce

manteau, puisque, selon ma nourrice, ce corridor est si terrible à traverser.

— Je prendrai donc le manteau, — dit en souriant miss Mary, et pendant que madame Pivolet s'empressait de lui mettre ce vêtement sur les épaules, elle tendit gracieusement la main à mademoiselle de Morville, et lui dit : — Bonsoir ! à demain !

— Oh ! à demain de grand matin, — répondit Alphonsine ; — vous verrez, mademoiselle, que je ne suis pas paresseuse.

Puis elle ajouta en soupirant :

— Tenez, miss Mary, je suis sûre de ne pas fermer l'œil de la nuit.

— Et pourquoi cela ?

— Je vais être si inquiète en songeant à l'examen que vous allez me faire passer demain.

— Vous ne devez, ce me semble, éprouver aucune crainte à ce sujet.

— Oh ! ne croyez pas, miss Mary, que

ce soit une préoccupation d'amour-propre qui me rende inquiète. Mon Dieu non, car il me semble que ce n'est pas moi qui demain serai mise en cause.

— Et qui donc ?

— Ne serait-ce pas, jusqu'à un certain point, mademoiselle Lagrange, mon ancienne institutrice, qui m'a appris ce que je sais... et que j'aimais tant ! Je vous l'ai dit, miss Mary ; aussi demain, en faisant tous mes efforts pour vous satisfaire dans cet examen, je penserai à elle, et c'est pour elle que je serai heureuse de vos louanges, si je les mérite.

Mademoiselle Lawson fut émue jusqu'aux larmes de la délicatesse de ce sentiment si naïvement exprimé, et dit à la jeune fille :

— Je suis certaine d'avance que je serai aussi enchantée de vous que de mademoiselle Lagrange. Bonsoir encore.

— Laissez-moi seulement vous conduire jusqu'au vestibule, miss Mary.

— Oui, mais pas plus loin.

— Vous ne voulez pas absolument que

je vous envoie une des femmes de chambre de maman?

— Non, mille grâces, j'ai l'habitude de me servir seule.

— En tous cas, vous préviendrez madame Pivolet, si vous aviez besoin de quelque chose.

— Certainement, mademoiselle, — reprit miss Mary.

Et les deux jeunes filles, précédées de la femme de charge, qui portait le bougeoir, traversèrent aussi plusieurs pièces et arrivèrent dans un vestibule véritablement glacial.

— Vite, vite, rentrez, — dit mademoiselle Lawson, en empêchant mademoiselle de Morville de dépasser le seuil de la porte.

— Bonsoir, miss Mary, — lui dit-elle en se retirant, — bonne nuit! A demain de grand matin je vous attendrai dans mon cabinet d'études.

— A demain, mademoiselle Alphonsine,

— répondit miss Lawson, je vous rejoindrai de très bonne heure.

Puis elle suivit madame Pivolet, monta un large et long escalier et arriva dans le corridor, où la pluie pénétrait en effet à travers les vitres brisées.

La femme de charge, entrant alors dans le petit salon qui séparait les deux chambres, remit son bougeoir à miss Mary, et lui dit, en lui indiquant la porte de l'une des deux chambres :

— Voici votre appartement, mademoiselle, — et lui montrant l'autre porte, — mademoiselle Alphonsine occupait cette chambre voisine de la vôtre du temps de mademoiselle Lagrange, son autre institutrice; mais il paraît que *maintenant* madame ne veut plus que mademoiselle Alphonsine couche ici. Madame préfère garder mademoiselle Alphonsine auprès d'elle, — et elle appuya de nouveau sur ce mot, qu'elle répétait pour la seconde fois. — *Maintenant,* madame a sans doute ses raisons pour cela. J'ai bien l'honneur de souhaiter le bonsoir à mademoiselle, — ajouta madame Pivolet avec une profonde révérence, puis elle sortit, se disant :

— Si demain elle se plaint de sa chambre, je dirai qu'elle s'est trompée et qu'elle a pris une porte pour l'autre ; mais c'est égal, elle se souviendra de sa première nuit au château de Morville, cette belle Anglaise, qui m'a fait jeter aux oubliettes !

Et elle s'éloigna après avoir fermé comme par distraction la porte du petit salon.

Miss Mary, son bougeoir à la main, se dirigea vers la porte que la femme de charge lui avait désignée, l'ouvrit, et entra dans la chambre ; mais les fenêtres ayant été laissées ouvertes par l'ingénieuse

Pivolet, le vent s'engouffra tout à coup dans l'appartement, éteignit la bougie que miss Mary tenait à la main, et elle se trouva dans une profonde obscurité, sentant la pluie chassée par la bise du dehors, lui fouetter le visage.

II

III

III

La chambre où miss Mary entra était dans une obscurité complète ; les fenêtres ouvertes ne laissaient pénétrer qu'à rares intervalles des lueurs incertaines, qui se glissaient entre de gros nuages pluvieux, courant sur un ciel d'automne.

Le premier mouvement de la jeune institutrice avait été de retourner sur ses pas et de regagner la porte du corridor par lequel madame Pivolet l'avait introduite; mais, comme nous l'avons dit, la femme de charge, dans sa prévoyante vengeance, avait fermé cette porte, et lorsque miss Mary se fut convaincue qu'elle ne pouvait l'ouvrir, elle n'entendit plus aucun bruit au dehors.

Elle n'osait appeler : la cour d'honneur, sur laquelle s'ouvrait la fenêtre de sa chambre, était déserte; miss Mary fut donc forcée de reconnaître à tâtons les principaux meubles de sa nouvelle habitation, ferma la fenêtre, et après une fervente prière où elle demandait au ciel la force d'accomplir le long sacrifice de dévouement et d'exil qui commençait à partir de ce jour, elle envoya sa pensée, comme un suprême adieu, à ceux qu'elle aimait ; puis elle essaya de trouver le repos de cette première nuit entre ces gros draps dont madame Pivolet avait garni son lit.

Six heures du matin venaient de sonner à l'horloge du château. Le jour commençait à poindre. Miss Mary se leva, trouva dans la pièce qui précédait sa chambre son pupitre de voyage ; puis, s'enveloppant du mieux qu'elle put dans son manteau, elle commença à écrire en frissonnant de froid, éclairée à peine encore par l'aube d'un jour grisâtre.

Ce n'était pas à Dublin que s'adressait cette première lettre, datée du château de Morville. Nous avons déjà dit qu'après avoir achevé la partie la plus longue de son voyage, elle s'était empressée, aussitôt arrivée à Paris, de rassurer sa mère. La lettre suivante, qu'elle écrivait, était l'accomplissement d'une promesse :

« Cher monsieur Henri,

« C'est de la France que je vous écris;

« c'est du château de Morville, où je dois
« probablement passer plusieurs années
« de ma vie. En vous annonçant la ruine
« de notre famille, le naufrage de toutes
« mes espérances, je vous ai dit que le
« jour où mon sort serait fixé, je vous
« écrirais encore; je le fais avec plaisir,
« parce que j'espère, en vous faisant con-
« naître toute la vérité, vous inspirer plus
« de courage. Oui, cher monsieur Henri,
« en vous apprenant que je ne suis pas
« aussi malheureuse que vous avez pu le
« craindre, je vous donnerai la pensée de
« me dire aussi vos *bonheurs;* car enfin,
« bien que nous ne devions pas partager
« mutuellement ces *bonheurs,* ils ne nous
« seront pas tous refusés, et ils n'en se-

« ront pas moins vivement sentis.

« Me voici institutrice dans la famille
« de Morville, demeurant à quelques
« lieues de Tours. M. de Morville est le
« frère du consul de France à Dublin, et
« j'arrive munie de toutes les instructions,
« de tous les avis que je dois à l'amitié du
« consul pour mon père. — Mon élève,
« mademoiselle Alphonsine de Morville,
« est charmante; je n'aurai, si je ne me
« trompe, qu'à seconder le développe-
« ment du plus heureux naturel. Son
« oncle de Dublin l'avait bien jugée ; ce-
« pendant je n'adopte pas ce qu'il me di-
« sait en riant : *De toute la maison de mon*

« *frère,* — me répétait-il souvent, — *Al-*
« *phonsine, votre élève, est peut-être la per-*
« *sonne qui aurait le moins besoin d'institu-*
« *trice...* Dans ces critiques, il y avait plus
« d'esprit que de justesse.

« M. de Morville est un homme chez
« qui, tout d'abord, on remarque une
« charmante bienveillance et les meil-
« leures façons; quoique jeune encore;
« il doit avoir à peu près quarante-cinq
« ans; il porte sur ses traits une légère
« atteinte de souffrance. Assez souvent,
« m'a dit le consul qui l'aime de la plus
« tendre amitié, il éprouve de vives et
« persistantes douleurs par suite de bles-

« sures reçues lors de la guerre d'Espagne
« et dans plusieurs duels où jamais il ne
« s'est engagé volontairement. Le mau-
« vais état de sa santé le force souvent à
« rester dans sa chambre ; alors, son uni-
« que préoccupation, sa seule crainte, est
« d'attrister sa famille et de l'empêcher de
« prendre part à quelques plaisirs assez
« rares en provinces ; il est impossible,
« vous l'avouerez, d'avoir un plus aimable
« défaut. Cependant le frère de M. de
« Morville lui fait presque un reproche de
« cette abnégation. Parce qu'il a de la
« sorte et pour ainsi dire forcé sa femme
« à aller prendre, sans lui, dans le monde,
« des distractions un peu frivoles, le con-
« sul craint que ce goût de dissipation,

« entretenu, encouragé par son frère,
« chez madame de Morville, ne lui fasse
« souvent à lui une vie bien isolée, bien
« triste.

« Madame de Morville n'a pas plus de
« trente-six ans ; ses enfants seuls trahis-
« sent son âge, car son visage gracieux et
« enjoué, la fraîcheur que lui donne un
« léger embonpoint, lui conservent un
« charme de *seconde* jeunesse qui la rend
« très agréable encore ; elle fait d'ailleurs
« bon marché, avec franchise et gaîté,
« d'une instruction incomplète que son
« habitude du monde et ses excellentes
« façons ne laisseraient pas soupçonner.

« Peut-être, cher monsieur Henri, vous
« trouveriez qu'elle manque un peu de
« cette gravité qui sied si bien à une mère
« de famille; mais vous êtes sévère, et
« moi j'ai du penchant à beaucoup accor-
« der à la parfaite bonne grâce.

« Le dernier membre de la famille est
« un fils, M. Girard, absent encore pour
« près d'un an, et que son oncle le consul
« aime et apprécie presque autant que sa
« charmante nièce.

« Vous voyez, cher monsieur Henri,
« combien j'ai de chances, au milieu de
« si dignes personnes, d'avoir une exis-

« tence douce et facile, d'obtenir sans
« peine l'inappréciable plaisir de venir en
« aide à mon bien-aimé père.

« Je vous ai donné tous ces détails parce
« que je suis convaincue qu'ils contribue-
« ront à alléger la douleur qu'a dû vous
« apporter ma dernière lettre ; cependant,
« si j'ai voulu moi-même vous annoncer
« notre séparation, c'est qu'il me semble
« que toute autre personne vous l'eût ap-
« prise d'une façon moins consolante. Je
« redoute votre réponse ; je crains l'ex-
« pression de vos regrets. Aussi, avant
« de la recevoir, je m'empresse de vous
« adresser des nouvelles un peu rassu-

« rantes au moins. Lorsque je lirai votre
« réponse, je me dirai : En ce moment, il
« est moins malheureux déjà que lorsqu'il
« a tracé ces lignes que j'ai là sous les
« yeux.

« Le retour journalier de mes devoirs,
« la pensée que, chaque mois, j'enverrai
« à Dublin, dans le modeste logement où
« sont réunis mon père, ma mère et mes
« trois sœurs, une lettre qui sera lue en
« commun, et qu'accompagnera toujours
« une petite somme que mon père joindra
« au fruit de son travail ; tout cela, cher
« monsieur Henri, adoucira, pour vous
« comme pour moi, la douleur de l'ave-

« nir perdu. Grâce à Dieu, le passé nous
« reste tout entier ; son souvenir n'a rien
« d'amer. Je me rappelle, avec un charme
« plein de douceur, combien vous avez
« toujours été bon pour moi ; combien
« toute enfant je vous aimais déjà d'une
« affection mêlée de respect et de confian-
« ce. Vous souvient-il comme vous me
« faisiez regretter ce que j'avais pu faire
« de mal, en me félicitant du bien que
« j'avais réussi à faire ?

« Si aujourd'hui je puis, sans trop de
« crainte, accepter la responsabilité d'une
« éducation, c'est à vous que je le dois ;
« les progrès que j'ai faits dans l'étude de

« moi-même et dans les arts, je les dois
« au désir de vous plaire; quand vous
« m'aviez serré la main en me disant de
« votre voix grave et douce : *Mary, je suis*
« *content*, — je croyais avoir reçu toute ma
« récompense, et pourtant vous me pré-
« pariez une récompense plus douce en-
« core : celle de pouvoir aujourd'hui
« rendre à mes faibles parents bien-aimés
« une faible part de ce qu'ils ont fait pour
« moi. Merci ! cher Monsieur ; excusez, je
« n'avais jamais pensé à cela, j'en éprouve
« pour vous quelque chose de plus ten-
« dre, de plus respectueux encore. Avec
« quelle sérénité je vous ouvre mon cœur
« tout entier !

« Si des projets formés depuis tant

« d'années sont devenus impossibles, je
« n'ai pas du moins à vous écrire : *Ou-*
« *bliez-moi! ne nous aimons plus!* Ce qui a
« été pour moi, de l'aveu de nos familles,
« un rêve enchanteur, et pourquoi hésite-
« rais-je à le dire ? ce qui a été de l'amour,
« un saint et profond amour, que les
« doux et sérieux devoirs de l'épouse de-
« vaient consacrer, devient, par la rigueur
« du sort, une vive et sincère affection
« de frère et de sœur. Nous aimons-nous
« moins? aurai-je moins de plaisir à ap-
« prendre vos succès, votre avancement,
« tout ce qui pourra vous rendre plus
« heureux et moi plus fière? Encouragez-
« moi donc, vous aussi, dans la voie nou-
« velle où la Providence m'a conduite, et

« un jour, lors de votre retour en Europe,
« si nous nous rencontrons jamais, vous
« pourrez encore me tendre la main et me
« dire : *Mary, je suis content!*

« Adieu, cher monsieur Henry, je suis,
« et je resterai de cœur votre bien sincère
« et bien affectionnée cousine et amie. »

Miss Mary, pendant qu'elle écrivait cette lettre, avait été glacée par le froid du matin. Souvent elle avait involontairement promené ses regards autour de cette chambre nue et dégarnie, et reporté sa pensée vers des jours autrefois si heureux ; plus souvent encore elle avait quitté sa plume pour essuyer ses larmes, cessant alors d'écrire et reprenant courage, afin que sa tristesse ne se révélât pas dans sa lettre à son cousin Henry. Sept heures venaient de sonner; elle se hâta de plier sa lettre qu'elle effleura de ses lèvres. Chaste et tendre adieu d'une âme pure! Elle regardait, immobile, ce papier qu'elle tenait encore, et qui devait arriver dans des mains qu'elle ne serrerait plus, une larme était tombée sur l'enveloppe et y avait laissé sa trace; miss Mary craignit et désira que ce muet témoignage trahit une douleur qu'elle avait tâché de cacher. La jeune fille fut distraite de l'amertume de sa pensée par un bruit soudain. La clef tourna vivement deux fois dans la serrure de la porte du corridor, puis un pas léger traversa la pièce d'entrée, mais dans une autre direction que celle de la chambre occupée par miss Mary. Elle entendit une porte voisine s'ouvrir, puis une exclamation d'étonnement. Très surprise, elle se hâta d'aller ouvrir sa porte et elle aperçut Alphonsine, arrêtée sur le seuil de l'appartement, où la veille avaient été faits tous les préparatifs recommandés par madame de Morville.

— Mais miss Mary, — s'écria Alphonsine, — où avez-vous donc passé la nuit?

— Ici, — dit l'institutrice en se retournant et en montrant sa chambre.

— Est-ce donc, mon Dieu, bien possible? Suis-je aveugle, ai-je la berlue? — exclama une troisième voix, celle de madame Pivolet, qui, avide de jouir de son ouvrage, venait d'apparaître à la porte du corridor. — Je suis confondue, foudroyée. Mademoiselle dans cette chambre ! Il faut qu'il y ait de la magie là-dessous, comme, par exemple, un tour de gobelet diabolique et gigantesque. Ça c'est vu.

— Je ne sais pas ce que tu veux dire avec tes tours de gobelets, reprit Alphonsine avec impatience; — mais il est inconcevable, il est désolant que miss Mary ait passé la nuit dans cette chambre, où rien n'avait été préparé pour la recevoir.

— C'est-à-dire, mademoiselle Alphonsine, que je ne peux croire ce que je vois, — reprit madame Pivolet. — Tenez, je me tâte, je me pince pour me réveiller; car je dois dormir, rêver. Ah! mon Dieu! je suis peut-être somnambule.

— Pivolet, tu es insupportable.

— Comment! mademoiselle, vous ne voulez pas me permettre d'être foudroyée en retrouvant ce matin cette pauvre chère demoiselle dans une chambre qui n'est pas la sienne ? Mais figurez-vous donc qu'il n'y avait rien, mais rien de préparé dans cet appartement : pas de bougies, pas de feu, et je me rappelle que la croisée était toute grande ouverte ; il pleuvait, il faisait un vent terrible. Ah ! pauvre chère demoiselle ! Elle a dû avoir joliment froid ! Je ne sais même pas s'il y avait des draps au lit. Ah ! oui, je me souviens, on y a mis, il y a quelques jours, du gros linge, et tout neuf par-dessus le marché : une véritable *râpe !* Pauvre chère demoiselle ! quelle atroce nuit elle a dû passer !

— J'ai peu dormi, en effet, — répondit l'institutrice en souriant.

— Miss Mary, que d'excuses j'ai à vous demander ! — dit Alphonsine d'un ton pénétré en prenant les mains de la jeune fille. — Qu'avez-vous dû penser de ma mère et de moi ? Je vous en conjure, ne croyez pas que nous ayons pu, à ce point, manquer d'égards envers vous ! Mais, — reprit-elle en se retournant vers la nourrice, — je me le rappelle maintenant, c'est toi qui t'étais chargée de mener miss Mary à sa chambre... Comment se fait-il ?...

— Ah ! mademoiselle ! — s'écria soudain la femme de charge d'une voix si éclatante que les deux jeunes filles en tressaillirent, — ah ! mademoiselle ! j'y suis... je devine... la lumière se fait... c'est un éclair, un véritable éclair, je suis éblouie, aveuglée...

— Mon Dieu, Pivolet, que tu es détestable avec tes cris et tes exagérations ! — reprit Alphonsine. — Explique-toi simplement, et, surtout, sincèrement. Je t'y engage ; ma mère serait, avec raison, très irritée contre toi si ta négligence était cause de la mauvaise nuit que miss Mary vient de passer.

— Je vous en prie, chère Alphonsine, ne parlons plus de cela, — dit l'institutrice ; — il y aura eu quelque malentendu sur la chambre que je devais occuper, voilà tout ! Pas un mot de ma petite mésaventure à madame de Morville ; je serais aux regrets d'attirer le moindre reproche à votre excellente nourrice.

— Et moi, mademoiselle ! — s'écria madame Pivolet, — je tiens à me laver aux yeux de tous, à paraître blanche comme un cygne... au moins. Je ne veux être noircie d'aucun soupçon pour mon service ; je préférerais la mort ; oui, s'il le faut, je porterai ma tête sur le billot ! Mais...

— Pivolet, c'est à ma mère que tu auras à répondre.

— Et je répondrai comme Bayard : Sans peur et sans reproche, mademoiselle. Ecoutez-moi... voici ce qui est arrivé... suivez bien : Je suis montée ici avec mademoiselle... je passais devant pour l'éclairer... j'étais naturellement en face de mademoiselle... alors je lui ai dit : Voilà, mademoiselle, votre chambre... ici... à gauche. — Mademoiselle a cru que je lui parlais de sa gauche, à elle, tandis que je lui parlais de ma gauche, à moi ; de sorte que... c'est bien clair, j'espère ? un enfant au maillot comprendrait cela... de sorte que mademoiselle, au lieu d'aller à la porte de gauche... de ma gauche à moi... c'est-à-dire de sa gauche à elle... non, de sa droite... c'est-à-dire, si... de sa gauche...

ou plutôt, non, de ma droite à moi... est naturellement entrée dans cette chambre...; et..... voilà.

— Tout s'explique au mieux, — reprit l'institutrice en souriant : — j'ai tout simplement pris une porte pour l'autre ; aussi, je vous le répète, ma chère Alphonsine, je regretterais que ma maladresse pût causer le moindre désagrément à madame Pivolet. Nous ne dirons pas un mot à madame de Morville de cette *nuit terrible!* Nous allons descendre à votre cabinet de travail pour votre examen, et je vous promets d'être aussi attentive à vous écouter, aussi impitoyable à vous reprendre que si j'avais dormi le mieux du monde.

Ce disant, elle entraîna gaîment son élève à travers le long corridor. Madame Pivolet, en les regardant s'éloigner, marmottait entre ses dents :

— Ah ! tu ne te plains pas, la belle Anglaise ! ah ! tu fais la fière ! ah ! tu as de la patience ! Bon ! bon ! tu n'es pas au bout de ton rouleau.

IV

IV

Trois mois environ se sont passés depuis l'arrivée de miss Mary au château de Morville. Le père d'Alphonsine est assis, rêveur, dans un petit salon, attendant l'heure du déjeuner ; l'expression de légère souffrance, habituelle à sa physionomie, d'ailleurs si ouverte, s'est compliquée d'une sorte de contrainte lorsqu'il se trouve au milieu de sa famille. Seul, et ne subissant pas cette contrainte (c'est dans un de ces rares moments que nous le présentons au lecteur), M. de Morville semble profondément attristé. Il feuillette machinalement un album et murmure ces mots avec un accent de profonde amertume :

— Est-ce possible ? à quarante-cinq ans ! moi, père de famille... moi, homme de cœur et d'honneur, après tout... oui, et je n'y faillirai jamais, à l'honneur... de cela, heureusement je peux répondre... C'est ma force.

Puis, haussant les épaules, il ajouta :

— Répondre de soi ! audacieuse prétention ! Il y a trois mois, aurais-je eu assez d'indignation, ou plutôt assez de railleries pour celui qui m'eût dit qu'aujourd'hui, à mon âge... Ah ! je suis bien coupable ou bien fou, oui, fou peut-être, mais coupable, de quoi ? Ce secret ne doit-il pas à jamais demeurer enseveli au plus profond de mon cœur ? Ah ! je mourrais de honte si jamais ma femme, ma fille, et surtout miss Mary, pouvaient deviner mon secret ! Non, non, oh ! ce serait la plus terrible punition que le ciel pût m'infliger ! Me punir ! eh ! qu'ai-je fait, grand Dieu ! quel est mon crime ? Est-ce ma faute si je vois, si j'entends, si j'admire, si je suis reconnaissant ? est-ce ma faute si une fatalité terrible me force à cette dangereuse intimité de tous les instants? est-ce ma faute si je vois ma fille, ma fille idolâtrée, grandir en talents, en savoir? si son caractère et son esprit gagnent chaque jour en grâces, en élévation en délicatesse? est-ce ma faute si je vois avec ravissement les adorables qualités de mon enfant de plus en plus développées par une influence aussi éclairée, aussi ferme qu'elle est douce et charmante? Puis-je m'empêcher enfin de vouer une vive et tendre reconnaissance à celle-là qui me rend mon cœur de père si heureux et si fier? Non, non, le contraire de ce que je ressens serait une odieuse ingratitude. Non, je ne suis ni fou ni coupable, je suis juste. Non je n'ai pas à rougir de mes sentiments ; je me trompe, je m'abuse sur leur tendance, rien de plus. Ah ! c'est le cœur d'un père qui bat dans ma poitrine !

Et à cette pensée, le nuage qui assombrissait les traits de M. de Morville s'éclaircit pendant un moment ; mais retombant bientôt dans son accablement, le père d'Alphonsine reprit avec un redoublement d'amertume :

— Si ma reconnaissance est paternelle et sainte, d'où vient donc qu'elle me pèse comme un remords ? Pourquoi chez moi ce trouble, cette réserve, cette gêne en présence de ma femme et de ma fille ? pourquoi ces rêveries, ces distractions involontaires, que je puis heureusement expliquer par les suites de mon état souvent maladif, dont ma femme et ma fille ignorent depuis tant d'années la gravité, grâce à mes précautions et à mon empire sur moi-même ? Pourquoi ce besoin croissant de solitude ?... Triste solitude que je cherche pour y souffrir sans contrainte !... Et cependant je me sens pour ma femme aussi aimant, aussi dévoué que par le passé. Ah ! c'est un abîme, un abîme que mon cœur !

M. de Morville, entendant la voix de sa

femme, qui entrait en ce moment dans le salon, tressaillit, se leva et tâcha de reprendre sa physionomie habituelle.

— Je vous répète, madame Pivolet, — disait madame de Morville à la femme de charge qui la suivait, — je vous répète que vous n'avez pas le sens commun, selon votre habitude, et que de pareilles absurdités peuvent amener des résultats déplorables. J'en fais juge M. de Morville.

— Mais, madame, il est inutile de dire à monsieur...

— C'est fort utile, au contraire ; car il

vous tancera d'importance pour cette nouvelle extravagance. Il ne vous manquait plus que celle-là !

— De quoi s'agit-il, ma chère Louise ? — demanda M. de Morville.

— Mon ami, je traversais tout à l'heure la cour de la ferme ; je vois madame Pivolet en conférence très animée avec le père Chênot.

— Le vieux berger ?

— Justement ; et je l'entends dire à madame Pivolet, qu'il contemplait avec un

respectueux ébahissement : « Ainsi, par
« ce moyen, le sort que l'on a jeté à la
« mère Chênot sera détruit? — Certaine-
« ment, et j'en mettrais la main au feu,
« répond madame Pivolet. »

— Madame... je vais vous expliquer...

— Faites-moi la grâce de me laisser
parler, madame Pivolet; je tiens à instruire M. de Morville de cette nouvelle
et dangereuse folie.

— Madame... permettez... j'ai ouï dire
à ma grand'mère...

— Taisez-vous! — reprit sèchement M. de Morville.

— « De quoi s'agit-il donc, père Chê-
« not? ai-je demandé au vieux berger, —
« reprit madame de Morville. — Figurez-
« vous, madame, m'a-t-il répondu, que
« ma pauvre femme est alitée depuis tan-
« tôt un an; elle ne peut point bouger;
« elle serait attachée dans son lit avec des
« cordes, qu'elle ne *mouverait* pas davan-
« tage. Je lui ai donné les drogues que je
« donne à mes brebis malades... Rien n'y
« fait! Madame Pivolet m'a demandé
« tout-à-l'heure des nouvelles de ma pau-
« vre femme; je lui ai répondu qu'elle

« avait un mal où l'on ne pouvait rien
« connaître, puisque je n'y connaissais
« rien. »

— Alors, moi, — s'écria impétueusement madame Pivolet, — moi, j'ai dit au père Chênot... et je ne m'en cache pas, j'ai le courage de mon opinion, et j'en serais au besoin le martyr, oui, le martyr!...

— Finirez-vous! — reprit M. de Morville avec impatience ; — allez-vous recommencer vos sottes exagérations?

— Monsieur, je n'exagère pas, Dieu

m'en garde ! Voici tout simplement ce que j'ai dit au vieux berger : « Père Chênot, « puisque la mère Chênot est malade d'un « mal que personne ne connaît, il se « pourrait bien qu'on lui ait jeté un *sort.* « Il y a des personnes malfaisantes, qui « n'ont pas l'air d'y toucher, qui ne vous « connaissent pas, et qui pourtant ont le « pouvoir de vous jeter des *sorts;* on les « appelle, ces malfaisantes personnes, « des sorcières. »

— Comment ! — s'écria M. de Morville, — vous avez été assez absurde ou assez méchante pour mettre de pareilles idées dans l'esprit de ce pauvre homme ?

— De grâce, mon ami, — reprit madame de Morville, — écoute jusqu'au bout. Tu verras à quel point cette nouvelle extravagance pourrait être fâcheuse.

— La vérité, madame, n'est jamais fâcheuse, dit madame Pivolet; — j'ai ouï dire à ma grand'mère, la vénérable femme qu'elle était, que sa mère avait vu brûler une vraie sorcière, d'autant plus scélérate qu'elle était belle. Elle allait tous les vendredis au sabbat, à cheval sur un grand manche à balai, à seule fin de pouvoir jeter des *sorts* affreux sur les bêtes et les gens de la contrée, en remercîment de quoi on l'a fait rôtir, cette maudite! et c'é-

tait joliment bien fait! Enfin, dans ce pays même, oui, monsieur, dans ce pays même où nous sommes, vous le savez comme moi (et cette révélation a été un trait de lumière pour le pauvre père Chênot, qui est un des anciens de la commune)... il y a, touchant le parc, ce n'est pas moi qui invente cela, il y a un étang qui s'appelle encore l'*Etang de la femme fouettée,* autre sorcière à qui l'on a administré cette correction, après lui avoir fait faire deux ou trois bons plongeons dans l'étang, pour lui apprendre à jeter des sorts sur les bêtes et sur les gens. C'est de l'histoire, cela, monsieur. J'ai donc dit tout bonnement au père Chênot : — « Il faut que
« quelqu'un ait jeté un sort à la mère

« Chênot. Vous n'avez qu'une chose à
« faire : prendre un gros crapaud pendant
« la pleine lune ; lui attacher les pattes de
« derrière avec sept brins de chanvre ; lui
« planter dans le dos sept épingles en
« croix ; le mettre sur une pelle rouge et
« faire sept fois le tour de votre cabane,
« en criant sept fois : *Barrabas!* Vous êtes
« sûr que la mère Chênot sera délivrée
« du sort qu'on lui a jeté, et vous la verrez
« trotter comme un lapin ; sinon, c'est
« qu'on lui aura jeté un sort de premier
« acabit, et alors nous verrons. »

— En vérité, cette créature ne sait qu'inventer pour se rendre de plus en plus insupportable ! — s'écria M. de Morville en regardant sa femme.

Puis, se retournant vers madame Pivolet :

— Vous voulez donc lasser ma patience ? Vous voulez donc absolument que je vous chasse de cette maison ?

— Me chasser ! m'exiler à l'étranger ! Mon Dieu ! parce que, par bon cœur, je tâche de guérir la pauvre mère Chênot !

— Sortez ! — s'écria M. de Morville, —

sortez! Vous êtes une misérable folle! Allez à l'instant dire à Jacques de monter à cheval; il se rendra au bourg et priera le médecin de venir ici. Je lui dirai votre nouvelle extravagance, afin qu'en allant visiter cette pauvre femme, qu'il soignera désormais, il la rassure, ainsi que son mari, et lui démontre, en la guérissant, la sottise de vos impostures.

— Monsieur, en mon âme et conscience, je crois que le docteur y perdra son latin, tandis qu'un gros crapaud...

M. de Morville interrompit madame Pivolet en lui indiquant la porte d'un geste si impérieux, que la femme de charge s'esquiva promptement.

— Tu as raison, Louise, — reprit M. de Morville, — rien de plus dangereux que de répandre de telles absurdités dans ces esprits ignorants et crédules. Il en peut résulter des colères d'un aveuglement brutal.

— Heureusement, tu as pris un excellent moyen pour couper court à ces extravagances. Notre médecin, par la guérison de cette pauvre femme, fera justice des stupides imaginations de la Pivolet. Allons, mon ami, que cette nouvelle divagation de cette folle ne t'affecte pas outre mesure. Tu sembles soucieux?

— Non, mais cette folle m'impatiente, m'irrite au dernier point, et je ne sais qui me tient de me débarrasser d'elle.

— Au fond, elle est bonne femme et très fidèle; elle adore Alphonsine, et notre chère enfant la regretterait. Ne pensons donc plus à cela, et tiens, — ajouta en souriant madame de Morville, — au risque de te paraître *un peu Pivolet*, ou de chercher à l'excuser, je t'avouerai tout bas que je suis presque comme elle. Oui, moi-même, je crois aux magiciennes !

— Que veux-tu dire ?

— Oh ! mais aux bonnes magiciennes ! ou, si tu le préfères, et c'est moins vulgaire, je crois aux bons génies, aux bons anges.

— Aux bons anges ?

— Miss Mary, par exemple.

— Eh bien, Louise ?

— N'est-ce pas un bon génie, un bon ange, une bonne magicienne enfin? Ne m'a-t-elle pas jeté un *sort?* n'a-t-elle pas fait de moi, autrefois mère jalouse, la mère la plus raisonnable, la plus sage que tu connaisses? Certainement, car depuis que nous avons le bonheur d'avoir auprès de nous cette charmante jeune personne, m'as-tu vue une fois, une seule fois, me montrer jalouse de l'affection toujours croissante qu'Alphonsine lui témoigne? me montrer jalouse, toujours pour Alphonsine, de la rare beauté de miss Mary? En un mot, sauf un petit retour de mauvaise humeur à propos de la manière dont ton oncle impitoyable a fait recevoir à la Botardière notre pauvre Alphonsine, qui était allée lui souhaiter sa fête, m'as-tu entendue faire la moindre allusion à la perte de cet héritage... perte considérable pour nos enfants, après tout ? Non n'est-ce pas ? Aussi te dis-je que miss Mary m'a ensorcelée ! C'est le bon génie de la maison... je ne me reconnais plus moi-même. Ses talents si remarquables, dont je craignais d'être envieuse, je les admire, je les aime, parce que notre fille en profite merveilleusement ; car, en vérité, mon ami, avoue-le, les progrès d'Alphonsine en toutes choses sont extraordinaires, inconcevables.

— Inconcevables.

— Comme tu dis cela froidement!

— Mais non.

— Mais si, et à ce propos, mon ami, je ne te trouve pas juste envers miss Mary.

— Moi?

— Oui, depuis quelques temps tu sembles contraint, gêné en sa présence.

— Pas le moins du monde.

— Oh! j'ai de bons yeux. Enfin, lorsque

nous la voyons dessiner, ou que nous l'entendons chanter, lors des leçons qu'elle donne à Alphonsine, il n'y a que moi, et cette chère enfant, il faut lui rendre cette justice, il n'y a que nous deux qui trouvions toujours à louanger miss Mary. Toi, tu restes dans ton coin, applaudissant seulement du bout des lèvres.

— C'est que je crains, ma chère Louise, connaissant miss Mary d'une extrême modestie, de l'embarrasser par mes louanges.

— Elle doit alors nous trouver, Alphonsine et moi, bien mal élevées, — reprit en riant madame de Morville, — car nos éloges ne tarissent pas.

— Il y a, tu le comprends, chère amie, une certaine différence entre des éloges donnés par des femmes et des éloges donnés... par un homme.

— Un homme! — reprit madame de Morville en riant aux éclats. — Est-ce que tu es un homme pour miss Mary?... Est-ce qu'un père est un homme?

M. de Morville rougit malgré lui; il allait répondre avec un redoublement d'émbarras, lorsqu'Alphonsine entra dans le salon, tenant à la main plusieurs lettres.

— Le facteur! — reprit gaîment Alphonsine en distribuant tour à tour les lettres qu'elle tenait à la main, — une pour toi, maman... elle est timbrée de Saint-Cyr... C'est sans doute de la part de madame de Noirfeuille. Une de Paris, pour toi, mon père... Une autre, encore de Paris... Mais celle-là, je la garde; elle est de mon cher et gentil frère Gérard... Celle-ci, encore pour toi, mon père... elle vient du château de la Botardière... Mon oncle t'exprime, sans doute, son regret de ne s'être pas trouvé chez lui lorsque je me suis présentée pour lui souhaiter sa fête. Enfin cette dernière lettre d'Angleterre est pour miss Mary; je cours la lui porter... Elle est toujours si heureuse de recevoir des nouvelles de sa famille! Puis je lirai ma lettre. Ce cher Gérard, qu'il est gentil de m'avoir écrit.

Et Alphonsine courut en hâte rejoindre son institutrice pour lui remettre la lettre d'Angleterre.

M. et madame de Morville suivirent des yeux la course légère de leur fille. Lorsqu'elle eut disparu, M. de Morville, rompant le cachet de la lettre timbrée de la Botardière, dit à sa femme:

— Voyons comment mon oncle explique et excuse son cruel manque d'égards envers Alphonsine, qui accomplissait un devoir en se rendant près de lui le jour de sa fête.

Et M. de Morville lut ce qui suit :

« Mon neveu (vous pensez bien que ces
« mots ne sont là que de par votre droit
« de naissance, puisque je ne puis mal-
« heureusement faire que vous ne soyez
« pas le fils de ma sœur), je ne vais pas
« chez vous, parce que chez vous je ren-
« contrerais :

« 1° Une *insulte vivante* (l'aventurière de
« qui les godelureaux, pendant ce damné
« voyage, ont osé faire de mes cheveux
« blancs et du noble nom de la Botardière
« un sujet d'insolente risée);

« 2° Parce que chez vous je rencontre rais
« un *danger* (ce Robert qui, par ses indé-
« centes fusillades, a effrayé *Roncevaux*
« dans la malicieuse préméditation de me
« faire casser le cou).

« Sachez donc bien, mon neveu, qu'en
« vous privant de ma présence, je n'ai pas
« du tout voulu vous engager, vous ou les
« vôtres, à venir chez moi; si vous vous

« étiez présenté, j'avais donné l'ordre de
« ne pas vous recevoir. Il y aurait du
« moins quelque courage de votre part à
« venir affronter ce refus ; vous avez mieux
« aimé envoyer votre fille (que la coureuse
« en question a sans doute déjà complète-
« ment pervertie) pour me pateliner, sous
« le prétexte de fêter en ma personne
« *saint Joséphin*, mon patron, mais dans le
« but réel et insidieux de flairer mon hé-
« ritage.

« Je ne vous cache pas que je suis ré-
« volté de ces circonvolutions intéressées
« autour de ma personne. La loi a des
« noms pour prévoir et punir lesdites cir-

« convolutions hypocrites à l'endroit des
« parents riches. Je vous avertis, d'ail-
« leurs, que j'ai fait mon testament; il
« commence par ces mots :

« *Je déshérite mon neveu Adolphe de Mor-*
« *ville, ses hoirs et ayant-droit, de tout ce que*
« *la loi me permet de leur ôter, déclarant d'a-*
« *vance que si, par un codicile subséquent, je*
« *venais à lui léguer quelque chose, ce legs se-*
« *rait nul de plein droit, ne pouvant être que*
« *l'effet des manœuvres que le code définit* CAP-
« TATION. »

« *N. B.* Je vous préviens encore qu'aux
« vacances prochaines, je défends à Gé-

« rard dont je connais les habitudes bra-
« connières et peu respectueuses (tel père,
« tel fils), de chasser sur mes terres ; mes
« gardes ont reçu les ordres les plus sé-
« vères à cet effet ; je n'entends point du
« tout que, sous prétexte de *népotisme*, on
« insulte à mes cheveux blancs, en tuant
« mes perdreaux et mes lièvres.

« Adieu. Je continue à être (contre mon
« gré) votre oncle,

« Odoard-Joséphin de la Botardière. »

M. de Morville jeta la lettre sur la table
en disant :

— Heureusement, tout cela est assez ridicule pour n'être pas odieux ; espérons que nos autres lettres nous feront oublier ce triste bourru.

M. et madame de Morville décachetèrent chacun la lettre qui lui était adressée. Madame de Morville, après avoir lu la sienne, qui n'était qu'un simple billet, resta pensive, tandis que son mari achevait de son côté sa lecture.

Lorsqu'il eut terminé, sa femme s'approcha de lui :

— Mon ami, — lui dit-elle, — Alphonsine avait raison ; cette lettre est de madame de Noirfeuille ; c'est une invitation : il doit y avoir à Saint-Cyr, à la fin de la semaine, grande chasse à courre, comédie, bal ; trois jours entiers qui ne seront qu'une suite de divertissements et de fêtes.

— Eh bien ! Louise, il faut y aller.

— Sans toi?

— Tu sais que l'automne n'est jamais très favorable à ma santé. Aussi, dans cette saison, je crains toujours un déplacement, un changement d'habitudes.

— Mon ami, j'y suis bien décidée, je ne veux plus aller ainsi seule dans le monde, chez nos voisins. C'était bon du temps de ma jalousie contre cette pauvre mademoiselle Lagrange, je cherchais à m'étourdir, mais aujourd'hui je suis si complètement heureuse, que je n'ai plus besoin de distractions.

— Louise, veux-tu me laisser le regret de te priver de plaisirs que tu aimes, d'entretenir avec des parents, des amis, des relations qu'une retraite absolue refroidit toujours quand elle ne les détruit pas? Mon amie, je t'en prie, tu m'épargneras un chagrin en allant, chez madame de Noirfeuille, passer ces trois journées auxquelles j'assisterai ensuite par tes récits.

— Écoute, mon ami : depuis le départ de mademoiselle Lagrange, Alphonsine couche près de moi ; chaque soir, je rentre en possession de ma fille : c'est ainsi que le bon génie de miss Mary aidant, car elle a été au moins autant mon institutrice que celle d'Alphonsine, je me suis guérie de ma jalousie. Aussi, m'en coûterait-il trop de me séparer de ma chère enfant.

— Il ne s'agit que d'une séparation de trois jours. Pendant ton absence, Alphonsine reprendra son ancienne chambre près de miss Mary.

— Vraiment, je préférerais ne pas aller à cette fête !

— Louise, n'exagérons rien ! Il y a trois mois, quand tu ne voulais plus d'institutrice entre ta fille et toi, je cédais à ton désir, malgré moi, certain que la tâche dont tu voulais te charger serait au-dessus de tes forces. Heureusement, miss Mary est venue. Depuis trois mois tu n'as pas un seul jour quitté ta fille; aujourd'hui, le monde, dont tu es si aimée, te réclame. Pourquoi refuser cette invitation ?

— Tu veux que je l'accepte? — dit en riant madame de Morville, — prends garde! je suis capable de m'amuser beaucoup, mais beaucoup à Noirfeuille. Tu sais avec quelle cordialité nous y sommes toujours reçus.

— Et c'est pour cela que je te prie, et qu'au besoin, — ajouta M. de Morville en souriant, — je t'ordonne de ne pas manquer cette occasion de te divertir un peu.

— Tu le veux?

— Je l'exige!

— J'obéirai, *tyran* que tu es ! Mais quelle est cette lettre que tu viens de lire, et dont tu ne parais pas satisfait ?

— C'est presqu'une mauvaise nouvelle à t'apprendre.

— Quoi donc ?

— Un projet dont nous avions souvent et depuis longtemps espéré la réussite.

— Ce projet de mariage avec M. de Favrolle ?

— Il faut y renoncer.

— Ce serait regrettable. Mais quelle est la cause de ce changement ?

— Tiens, lis.

V

V

Madame de Morville prit la lettre et regarda avec un empressement inquiet la signature; elle était de M. de Favrolle, ancien colonel du régiment où avait servi M. de Morville.

— Est-il donc arrivé quelque malheur dans cette famille, mon ami ?

— Non, grâce au ciel ! Mais lis.

Madame de Morville lut à mi-voix la lettre qui suit :

« Mon vieux camarade, je n'écris ni
« souvent ni longuement, tu le sais ; le
« plus beau modèle d'éloquence m'a tou-
« jours paru le rapport d'un chef de poste
« qui écrit sur sa feuille : *Néant ;* mais,
« malgré mes principes de rhétorique et
« ma paresse, je t'écrirai au moins une
« page. Tu vas voir qu'entre gens d'hon-
« neur la chose en vaut la peine.

« Te rappelles-tu un de ces châteaux en

« Espagne comme en font ces bons hom-
« mes de pères ? — *Tu as un fils ?* — *Tu as*
« *une fille ?* — *Marions-les.* — *Ça va !*

« Eh bien, pas du tout, mon vieux ca-
« marade, *ça ne va plus !* Voici la seconde
« fois que mon diable de Théodore me dé-
« soriente complètement. Autrefois il n'a-
« vait pas voulu entrer à l'école militaire.
« Pour lui, enfant de la balle, c'était pour-
« tant une assez belle carrière que l'état
« d'officier. Enfin, j'ai pris mon parti, ré-
« fléchissant qu'après tout, mon fils reste-
« rait près de moi. D'ailleurs il n'était pas
« oisif : il aimait les arts ; il barbouillait
« des paysages, des figures, et de plus il

« était gai comme un *rapin* ; j'aimais tout
« ça. Il m'a demandé, il y a un an, à aller
« étudier l'école hollandaise avec un de
« ses camarades ; rien de mieux. Mais à
« son retour quel désappointement ! Je
« crois, le diable m'emporte, que l'on m'a
« changé mon fils en Hollande ; je ne le
« reconnais plus ! Il ne rit plus, il ne parle
« plus, et, du soir au matin, il charbonne
« des têtes de femme, sous prétexte de
« *Vénus*, de *Diane* et autres divinités. J'ai
« tort de dire des têtes, c'est toujours la
« même figure : aujourd'hui de face, de-
« main de profil, après-demain de trois-
« quarts, et ainsi de suite. Il n'en sort pas ;
« je ne peux pas dire qu'elle soit laide,
« cette tête, tant s'en faut. Mais elle finit

« par me devenir insupportable. En un
« mot, je crois ce garçon amoureux fou,
« de qui ? me demanderas-tu, mon vieux
« camarade. A cela, je te répondrai qu'un
« de ses amis m'a affirmé que le malheu-
« reux, à son retour de Hollande, s'était
« affolé d'une grisette du quartier latin.
« Tu comprends que là-dessus, j'ai fait à
« mon fils de la morale de régiment, je
« l'ai trouvé muet comme un tambour
« crevé ; j'ai voulu opérer une habile di-
« version en lui parlant de nos projets de
« mariage avec ta fille. Pitoyable manœu-
« vre, mon vieux camarade ! repoussé
« avec une horrible perte ! Il s'est barri-
« cadé dans un refus inabordable et insur-
« montable.

« Or, je me vois forcé de te donner avis
« de ma déroute, afin que tu disposes de
« ta fille. Décidément, elle mérite mieux
« que mon naniaque ! Il y a des instants
« où, vraiment, je l'enverrais à tous les
« diables, si ce n'était au fond le meilleur
« garçon du monde, et si, malgré moi, je
« n'avais pitié de lui en le voyant si triste
« et si changé. Ainsi donc, il nous faut re-
« noncer, mon vieux camarade, à l'espoir
« d'être tous deux grands-pères le même
« jour; c'est dommage ! ça m'aurait amusé
« de t'embrasser, en te disant : *Grand*
« *papa !*

« Adieu ! il faut que je t'aime beaucoup

« et que je sois fièrement honteux de mon
« fils pour t'avoir dévidé un pareil éche-
« veau. Si par hasard tu avais parlé de
« moi à ta femme, dis-lui que je suis son
« très humble serviteur. Donne-moi ta
« main, je la secoue comme un vieux de
« la Bidassoa. »

— Tu le vois, — reprit M. de Morville,
il nous faut renoncer à ce mariage, et j'en
suis désolé.

— Cette rupture est sans doute regrettable, mon ami. Cependant, je m'en console
presque en songeant qu'après des projets
arrêtés, nous aurions pu, en suite de quel-

ques entrevues du fils de M. de Favrolle et d'Alphonsine, nous trouver dans une position plus désagréable encore.

— Comment cela?

— Est-ce que tu n'aurais pas pu être obligé d'écrire à M. de Favrolle : « Déci-
« dément, mon cher ami, ton fils ne plaît
« pas à ma fille, et comme le bonheur
« d'Alphonsine doit passer avant tout, je
« te prie de rappeler Théodore et de sup-
« poser que nous n'avons jamais souri à
« ce mariage. » — Aurais-tu préféré que la rupture vînt de notre part?

— Non, — reprit M. de Morville en réfléchissant, — et peut-être vaut-il mieux que les choses se soient ainsi passées.

Nous laisserons madame de Morville achever de consoler son mari de cette contrariété, et nous suivrons Alphonsine, qui va lire la lettre de Gérard, ce jeune frère, rhétoricien de Louis-le-Grand, que nous ne connaissons pas encore. La correspondance de ces deux jeunes gens était un naïf échange de leurs sentiments, et se bornait aux nouvelles du cercle étroit au milieu duquel ils vivaient, l'un au collége, l'autre au château de Morville.

. . . .

« ... Réellement, — ma chère Alphon-
« sine, écrivait Gérard, — tu me fais envie
« avec ta gaîté folle qui s'amuse de tout;
« je n'aurais jamais cru que la seule année
« qui sépare nos naissances pût amener un
« jour tant de différence dans nos ma-
« nières de voir. Tu en es encore à de
« vrais enfantillages, tandis que la raison
« me vient chaque jour ; et chaque jour ma
« pensée m'emporte bien loin du collége.
« Au milieu de ces devoirs insipides, de
« ces grandes phrases calquées sur les au-
« teurs des temps passés qui ne m'inspi-
« rent qu'un médiocre enthousiasme, je
« songe presque malgré moi, à l'avenir, à
« la position que je prendrai dans le
« monde. Il y a quelque chose en moi qui

« devient de plus en plus discordant avec
« ce qu'on dit, avec ce qu'on fait ici ; les
« jeux auxquels je me livrais avec passion
« me font pitié ; je passerais mes récréa-
« tions tout seul, si, de temps en temps, je
« ne prenais part à des entretiens sérieux
« qu'ont entre eux quelques élèves de phi-
« losophie. (J'entrerai l'année prochaine
« en philosophie.) Excuse cette parenthèse
« à la... *la Botardière.*

« Tu es bien heureuse, toi, Alphonsine,
« avec ta miss Mary, qui donne tant d'in-
« térêt à tes travaux ! Moi, je ne trouve,
« parmi nos professeurs et nos maîtres,

« personne qui puisse lui être comparé;
« combien je serais curieux de la connai-
« tre ! Ne t'imagine pas, cependant, que
« je croie à la ressemblance du portrait
« que tu me traces d'elle ; dans tes lettres,
« il y a toute l'exagération d'une *petite fille*
« enthousiaste de sa maîtresse d'école ; tu
« ne connais qu'elle, et faute d'avoir réflé-
« chi sur le monde, tu la doues de toutes
« les perfections ; du reste, je jugerai de
« tout cela par moi-même, et nous verrons
« bien !... Tu devrais décider notre bon
« père à ne pas me laisser ici toute l'année ;
« il me semble que sous la direction de
« mon père, et avec le secours de sa biblio-
« thèque, je travaillerais plus fructueuse-
« ment qu'au collége ; tâche donc qu'on

« me rappelle près de vous le plus tôt
« possible.

« Embrasse bien pour moi mon père et
« ma mère, et dis bonjour à Pivolet. Mon
« grand-oncle la Botardière *rage*-t-il tou-
« jours ?

« *P. S.* Tu ne te moqueras plus de ma
« voix rauque qui ne pouvait ni monter ni
« descendre : mon maître m'a déclaré que
« j'avais un franc *baryton* et que je pourrais
« chanter les parties écrites pour Tambu-
« rini. »

Alphonsine fit peu attention à la teinte

mélancolique qui commençait à poindre dans la correspondance de son frère ; elle prit seulement note des partitions qu'elle devait demander à Paris, se faisant une joie de pouvoir bientôt chanter avec Gérard.

Nous achèverons d'épuiser la correspondance apportée ce jour-là au château de Morville, en allant dans la chambre de miss Mary.

Elle est assise près de sa table à écrire, son beau front appuyé sur ses deux mains. Elle regarde une lettre ouverte placée sur son bureau. Elle pleure silencieusement.

Cette lettre de Henri Douglas, alors dans l'Inde, où il servait comme officier d'artillerie, a été envoyée par lui à madame Lawson ; celle-ci, respectant la correspondance des deux fiancés, a envoyé à sa fille cette missive, qui s'est ainsi croisée avec celle que miss Mary, le lendemain de son arrivée au château de Morville, avait écrite à Henry Douglas.

Tel est le contenu de cette lettre :

« Chère miss Mary, votre lettre m'a
« cruellement affligé. Quoi ! votre digne
« et honoré père a été obligé de vendre

« *Lawson-Cottage*, où je vous ai vue si heu-
« reuse, et d'occuper un modeste emploi
« pour faire vivre sa famille ! Au moment
« où il touchait à l'âge du repos, le voici
« donc forcé de chercher ses seules res-
« sources dans un travail insuffisant peut-
« être aux besoins de ceux qu'il aime et
« qu'il doit protéger !

« Votre détermination d'accepter les
« fonctions d'institutrice pour venir de
« votre côté en aide à votre famille m'a
« profondément touché ; c'est une coura-
« geuse pensée ; j'ai reconnu là votre cœur
« et votre caractère. Cette fois encore, je
« vous dis du fond de l'âme : *Miss Mary, je*
« *suis content, je suis fier de vous !*

« Cependant, je dois vous parler avec
« mon habituelle sincérité, chère miss
« Mary. C'est une position très délicate
« que celle d'une *institutrice*, lorsqu'elle
« réunit, comme vous, les charmes de la
« figure à ceux de l'esprit et des talents.

« A Dieu ne plaise que je veuille vous
« effrayer, vous décourager ! mais je vous
« dois la vérité. Certain de votre fermeté,
« de votre droiture, je vous signale les
« écueils, vous les éviterez quand vous les
« connaîtrez. J'ignore encore quelles sont
« les personnes auprès desquelles vous
« êtes appelée à vivre : votre première
« lettre me renseignera sans doute sur ce

« point. Quoi qu'il en soit, et sans préju-
« ger ce qui ne serait qu'une rare et pro-
« videntielle exception, je vous dois dire
« d'avance, chère miss Mary, quelles sont,
« *ordinairement*, les conséquences de la si-
« tuation toute particulière où se trouve
« l'institutrice au milieu de la famille où
« elle est admise ; je me fais, en cette oc-
« casion, *pessimiste* ; vous devinez pour-
« quoi.

« L'un des dangers de votre nouvelle
« position, qui vous semblera puéril et me
« semble à moi fort grave, est celui-ci ·

« Vous aurez sans doute à vivre entre la

« jalousie des serviteurs de la maison et,
« sinon le dédain, du moins la supériorité
« relative des maîtres; les premiers, ne
« comprenant pas alors vos mérites, se ré-
« volteront du service qu'on leur impose à
« votre égard, quand vous n'avez pas le
« droit de les commander, c'est-à-dire de
« les payer. Les maîtres, s'ils vous recon-
« naissent des qualités brillantes, en feront
« montre avec orgueil, sans vous accorder
« un degré de plus de considération : ils
« vous croiront suffisamment rémunérée
« par vos appointements; je redouterais
« peut-être davantage pour vous l'animo-
« sité des serviteurs que la fierté des maî-
« tres : *il n'est pas de petits ennemis* ; puis il
« est des humiliations incessantes, mais

« parties de si bas, que l'on est obligé de
« les souffrir en silence, si douloureuses
« qu'elles soient.

« Digne sans hauteur, affectueuse sans
« familiarité, réservée sans froideur, tenez-
« vous donc strictement renfermée dans
« l'accomplissement rigoureux de vos de-
« voirs; isolez-vous d'abord prudemment
« au milieu de la famille où vous entrerez;
« votre franchise et votre bonté vous por-
« teraient, dès les premiers jours, à la
« considérer comme votre propre famille :
« vous pourriez éprouver des mécomptes
« cruels pour un cœur comme le vôtre.

« Cette défiance est pénible, je le sais ;
« elle créera une sorte de vide autour de
« vous, mais elle est nécessaire.

« Si enfin, pour comble de malheur,
« vous ne vous sentiez pas prise d'une
« grande tendresse pour l'enfant qui vous
« sera confiée, si les douceurs de cette
« maternité intellectuelle ne compensaient
« pas les mille contrariétés, les amers cha-
« grins que vous aurez peut-être à subir,
« n'hésitez pas, chère miss Mary, quittez
« une maison où vous seriez entrée sous de
« si tristes auspices ; votre existence de-
« viendrait insupportable.

« Il est un autre grave danger que je dois
« aussi vous signaler : à moins que la mère
« de votre élève n'ait pas d'autre enfant, et
« qu'elle soit veuve, vous devrez vivre dans
« l'intimité d'une famille, peut-être nom-
« breuse ; vous aurez alors des relations
« journalières avec les parents de la jeune
« fille à qui vous consacrerez vos soins. Il
« n'est pas impossible que quelques-uns
« de ces hommes, spéculant sur votre iso-
« lement, au milieu d'un monde où vous
« serez toujours traitée en étrangère, vous
« regardent comme une proie dévolue à
« leurs caprices par l'abandon ou par l'en-
« nui où ils vous croiront plongée ; ils ne
« s'inquiéteront pas de savoir si votre foi
« est promise, si votre cœur est pur; ils

« vous verront seule, sans appui; ils se
« plairont à vous supposer navrée de l'in-
« fériorité de votre condition ; ils s'imagi-
« neront faire une *œuvre charitable* en vous
« offrant leurs hommages séducteurs; peut-
« être même s'ils sont plus pervertis en-
« core, régleront-ils leur audace sur la
« triste nécessité où vous êtes de garder
« une place que vous perdriez en révélant
« leurs poursuites !...

« Tels peuvent être les dangers de vo-
« tre nouvelle situation, chère miss Mary.
« Je n'ai pas craint de rembrunir le ta-
« bleau, voici pourquoi :

« Si vous avez le bonheur de rencontrer
« une famille capable de vous apprécier,
« pauvre chère âme, et il est de ces cœurs
« d'élite, votre reconnaissance pour eux
« sera d'autant plus vive que vos appré-
« hensions auront été plus grandes.

« Si, au contraire, vous devez être ex-
« posée à d'indignes obsessions, vous se-
« rez du moins prévenue des périls que je
« vous signale, et votre ignorance des
« mauvaises passions du monde vous eût
« caché le danger peut-être jusqu'au jour
« où votre fierté eût été profondément
« blessée.

« Maintenant, chère miss Mary, quel-
« ques mots sur ce qui me regarde ; je me
« crois, je me sens aussi engagé envers
« vous, aujourd'hui que la ruine a frappé
« sir Robert Lawson, votre père, que lors-
« qu'il possédait *Lawson-Cottage* et ses bel-
« les prairies. Notre mariage est convenu
« entre nos parents ; nous sommes fiancés.
« Rien n'est changé dans ma résolution,
« rien ne doit être changé dans la vôtre.
« J'honore trop mon père pour me per-
« mettre seulement de supposer qu'il voie
« maintenant le moindre obstacle à notre
« union. J'ai toujours respecté son auto-
« rité, parce qu'il m'a toujours commandé
« ce qui était juste ; je suis encore tout
« prêt à lui obéir avec joie, lorsqu'il me

« dira : — Mon fils Henry, épousez la fille
« de cet honnête homme qui a sacrifié sa
« fortune à l'amitié et à l'honneur ; soyez
« fier d'entrer dans une si noble famille !

« Mon père m'a commandé de ne re-
« tourner en Europe que lorsque j'aurais
« le grade de commandant d'artillerie. Je
« reste ici afin de mériter cet avancement ;
« dès que je l'aurai obtenu, j'irai deman-
« der à votre père l'autorisation d'aller
« vous chercher dans la famille où vous
« serez institutrice.

« Ne tombez donc plus dans cette faute
« de raisonnement dont je suis étonné,

« sachant la solidité de votre esprit : ne
« croyez donc plus qu'un *honnête homme*,
« fiancé d'une *honnête jeune fille* qu'il aime
« non moins tendrement qu'il en est aimé,
« puisse jamais reprendre son engage-
« ment, sous ce misérable prétexte : *qu'elle*
« *est devenue pauvre.*

« Adieu, Mary, je vous aime.

« HENRY DOUGLAS. «

— Pauvre Henry ! — pensait miss Mary,
— quelles auront été sa surprise et sa joie
en recevant ma lettre où je tâchais de lui
peindre l'excellente famille auprès de la-

quelle je vis depuis trois mois ! Combien il reconnaîtra l'injustice de ses appréhensions ! Ah ! pour combler son bonheur, je veux, aujourd'hui même, lui écrire :

« Soyez content, cher monsieur Henry, les
« heureuses espérances de ma première
« lettre ont été réalisées, dépassées ! L'on
« m'entoure ici des plus tendres égards,
« des soins les plus délicats. Chacun s'ef-
« force de me faire oublier que je suis une
« étrangère dans la famille. M. de Mor-
« ville, sa femme, sa fille, sont pour moi
« des parents, des amis. »

— Seulement, — ajouta l'institutrice en soupirant, — je ne lui dirai pas, à ce cher

Henry, que son excellent jugement ne pouvait complètement s'égarer. Hélas! il y a beaucoup de vrai dans ce qu'il redoutait pour moi de l'animosité de certains serviteurs contre la pauvre institutrice! Mais Henry, ainsi que tous ceux qui m'aiment, doivent toujours ignorer les larmes amères que je verse souvent ici en secret. Non, il n'est pas de *petits ennemis*; une basse et aveugle méchanceté peut à la longue rendre insupportable une vie en apparence aussi paisible qu'heureuse!

VI

VI

Madame de Morville devait partir ce jour-là pour se rendre à l'invitation de madame de Noirfeuille. Miss Mary, Alphonsine et sa mère, réunies pour le déjeûner dans la salle à manger, s'étonnaient de ce que M. de Morville ne fût pas encore descendu de chez lui.

— Enfin! voilà mon père! — dit Alphonsine en entendant un pas sur l'escalier et se levant pour aller au-devant de M. de Morville, lorsqu'il entra. Il était pâle ; ses yeux semblaient rougis par des larmes récentes et creusés par la souffrance.

— Qu'as-tu donc, mon ami ? — lui dit vivement madame de Morville ; — tu as donc été malade cette nuit ?

— Moi, Louise ? mais non, grâce au ciel ! — répondit M. de Morville, en tâchant de sourire et en baisant le front d'Alphonsine. Puis il salua d'une façon amicale miss Mary, en passant devant elle, et il s'assit à sa place habituelle pendant que l'on gardait un silence inquiet.

— Que se passe-t-il donc ce matin? — dit M. de Morville avec une gaîté forcée. — On se tait, on se regarde?

— C'est que vraiment, mon ami, — dit avec hésitation madame de Morville, — je te trouve très changé depuis hier soir.

— Allons, décidément, je ne suis plus ni jeune ni vaillant, — répondit M. de Morville en souriant; — je ne puis faire une petite débauche de veillée sans que tout le monde s'en aperçoive. J'avouerai donc un crime que je ne saurais plus cacher. Oui, j'avouerai qu'entraîné par le charme d'une lecture des plus attachantes, et désirant faire quelques extraits de ce livre, je me suis couché fort tard. En vain j'ai cherché à tout réparer ce matin en restant au lit, je n'ai pu dissimuler les traces de mon crime de *lèse-santé*.

Aucune réponse ne suivit d'abord ces paroles, ainsi qu'il arrive lorsque l'on doute de ce qu'on entend. Le silence fut interrompu par madame de Morville.

— Mon ami, — dit-elle, — je ne partirai pas ce soir.

— Ah! Louise, c'est punir trop sévèrement une imprudence que je ne croyais pas coupable. Quoi! mon châtiment serait de te priver d'un plaisir!

— Je ne puis consentir à m'éloigner dans l'inquiétude où je suis sur ta santé.

— Aimes-tu mieux rester en me causant un chagrin? et d'ailleurs, chère Louise, qui te parle d'emporter une inquiétude? Il n'est que dix heures, et ce soir tu partiras complètement rassurée, je te le promets ; et en tout cas, ne me laisseras-tu pas la plus charmante petite garde-malade que valétudinaire ait jamais rêvée ?

Et il sourit en regardant sa fille, qui vint se jeter à son cou.

— Oh! mère, — dit Alphonsine, — ne crains rien, je te réponds de lui.

— Et je me déclare guéri d'avance, — reprit M. de Morville. — Aussi pour payer ma guérison, je prierai miss Mary de te donner congé jusqu'au dîner, mon enfant ;

tu aideras ta mère dans ses derniers préparatifs de voyage.

Cette scène avait été observée par miss Mary avec un intérêt mêlé d'inquiétude sur la santé de M. de Morville ; car elle aussi était frappée de l'expression de souffrance qu'elle remarquait sur les traits du père d'Alphonsine ; mais vers la fin du repas, madame de Morville s'étant laissée convaincre par les instances de son mari, rien ne fut changé aux projets de départ, à la condition toutefois que le mieux dont se félicitait déjà M. de Morville continuerait ; et Alphonsine accompagna sa mère chez elle pour l'aider à ses préparatifs de voyage.

Miss Mary, profitant des heures où elle pouvait vivre pour elle-même, alla se promener dans le parc, rêvant à sa famille et à son fiancé, cet homme si loyal, si dévoué, dont elle était séparée par la moitié du monde. Derrière une charmille qu'elle côtoyait, en marchant ainsi pensive, elle crut entendre une toux étouffée, mais, tout entière à ses souvenirs, la jeune fille continua sa promenade. Ayant atteint l'extrémité de l'allée, elle revint sur ses pas de l'autre côté de la charmille; sa marche légère, amortie par l'épaisseur du gazon, ne faisait aucun bruit, de sorte que, sans avoir pu être entendue, elle se trouva en face d'un enfoncement circulaire où se trouvait placé un banc de marbre ; là elle vit avec effroi M. de Morville à demi étendu et pressant sur sa bouche un mouchoir trempé de sang.

Miss Mary allait pousser un cri ; mais M. de Morville s'élançant vers elle, lui prit le bras en disant à demi-voix :

— Silence ! au nom du ciel !

— Mais il vous faut du secours, monsieur !

— Gardez-vous d'appeler!...

— Madame de Morville...

— C'est à elle surtout que je veux cacher ce qui m'arrive...

— Ainsi, monsieur, vous l'avez trompée tantôt en vous disant moins souffrant?

— Il y a vingt ans que je la trompe ainsi!!

Miss Mary fit encore un mouvement

pour aller vers le château ; mais M. de Morville levant sur elle des regards suppliants, lui dit d'une voie affaiblie :

— Par pitié ! ne me quittez pas !

Miss Mary, partagée entre la crainte et la commisération, s'assit à côté de M. de Morville, impuissante à le secourir et péniblement émue en le voyant souffrir.

— Combien de pardons j'ai à vous demander, miss Mary ! — lui dit-il après quelques minutes de silence. — Quel triste spectacle je vous donne ! Mais, je le sens, la crise touche à sa fin. Grâce au ciel!

ce n'est que le résultat, à peu près périodique à cette saison de l'année, d'une blessure reçue il y a longtemps, et à laquelle, vous le voyez, j'ai pris le parti et l'habitude de survivre. Mais remettez-vous, de grâce, du trouble que je vous ai causé.

— Lors même, monsieur, que je pourrais oublier les bontés dont je suis comblée par votre famille, la vue de vos souffrances excuserait mon trouble. Mais d'où vient votre persistance à laisser ignorer à madame de Morville un accident dont les suites peuvent être si graves !

— J'ai eu le bonheur de pouvoir cacher

jusqu'ici à ma femme et à ma fille ces symptômes d'un mal sans danger, je le crois, mais dont la tendresse de ceux que j'aime se serait alarmée. Et puis, que voulez-vous ! je ne sais pas de plus triste position que celle d'un homme qui, après avoir sollicité et obtenu l'affection et la main d'une femme, lui donne, en retour, d'incessantes angoisses pour une vie qu'elle croit sans cesse menacée. Cet affreux égoïsme, je ne l'ai pas eu ; non, je n'ai pas eu le courage de condamner une jeune femme à d'incessantes alarmes, et de la retenir ainsi loin d'un monde qui lui plaît et qu'elle charme. Dites, miss Mary, près du fauteuil d'un valétudinaire, quelle vie eût été la vie de madame de Morville et de ma fille? Chaque matin interroger mes traits pour savoir s'il sera permis de sourire ce jour-là dans la maison ! Non, non, encore une fois, je n'ai pas voulu imposer une telle existence à ma famille. Grâce à mes précautions, à mon empire sur moi-même, j'ai pu leur épargner jusqu'ici la connaissance de ce triste secret ; vous l'avez surpris, miss Mary. Je vous en supplie, ne le révélez pas ! Votre pitié pour quelques souffrances passagères jetterait à jamais l'inquiétude dans ces deux cœurs, si tendres, si dévoués pour moi. N'ajoutez pas un remords à mes chagrins !

— Un remords ! dites-vous, monsieur ?

— Si l'on pénétrait le mystère de ma vie retirée, le monde, si sévère à exiger l'accomplissement des devoirs, dont pourtant il se raille trop souvent, n'accuserait-il pas madame de Morville de dissipation folle, d'indifférence coupable?... Le chagrin de mon isolement s'accroîtrait de tout le blâme que j'aurais attiré sur elle. Aussi, de grâce, je vous le répète, pas un mot sur cet accident, dont les suites n'auront pas de gravité.

Quelle femme n'eût apprécié la délicatesse de cette abnégation? Miss Mary comprenait trop la sainteté de la famille pour cacher son émotion, et M. de Morville aperçut une larme dans les yeux de la jeune fille.

— Vous me plaignez, — lui dit-il d'une voix contenue, en tâchant de sourire. — Vous avez tort de me plaindre, à moins que ce ne soit pour le passé; car si, à l'avenir, j'avais besoin de quelques secours, j'ai, du moins, maintenant, quelqu'un à qui je pourrais demander ce secours sans effrayer personne de ma famille. Ainsi, vous me promettez le secret, miss Mary?

— Je vous le promets, monsieur, — répondit l'institutrice d'une voix grave et pénétrée. — Je vous le promets jusqu'à ce que vous m'autorisiez, vous me priiez même d'instruire madame de Morville de ce secret, que personne plus qu'elle n'a le droit de connaître, car votre réserve à son égard est presque une offense.

— Que dites-vous, miss Mary ?

Mais l'institutrice prêtant l'oreille ajouta :

— J'entends la voix d'Alphonsine ; elle me cherche.

— De grâce, allez au-devant d'elle, miss

Mary ; qu'elle ne me voie pas dans cet état de faiblesse et de pâleur. N'ayez aucune inquiétude ; cette crise a été douloureuse, mais elle m'a soulagé. Je vous jure que je me sens mieux.

L'institutrice, entendant son élève se rapprocher davantage, la rejoignit et l'emmena d'un côté opposé à la charmille.

M. de Morville avait dit vrai. Il éprouva un soulagement momentané causé par la violence même de la crise dont il avait souffert. Ses traits reprirent peu à peu leur calme habituel, et sa femme, si inquiète le matin, partit dans la soirée complètement rassurée.

Lorsque la voiture eut disparu au tournant de l'avenue du château, M. de Morville embrassa sa fille et remonta chez lui. Alphonsine et son institutrice allèrent reprendre leurs travaux habituels. Ce soir-là, miss Mary fut moins attentive aux questions de son élève : elle écoutait, craignait à chaque instant que quelque bruit d'alarme ne vînt lui annoncer que l'état de M. de Morville empirait. Cet homme, jusqu'alors si bienveillant pour elle, souffrant seul et en secret, de crainte d'inquiéter et d'attrister sa famille, lui inspirait une commisération profonde, presque filiale. Elle pensait à la solitude où il allait vivre durant l'absence de madame de Morville, solitude qui commençait, pour lui, le soir même de ce jour où il avait tant souffert, où il souffrait peut-être encore, loin de sa fille occupée de ses leçons.

Aussi, interrompant elle-même le travail de son élève, elle lui dit :

— Alphonsine, vous avez dit, ce matin, à votre mère qui hésitait à partir : — « Sois « tranquille, maman, je veillerai sur mon « père ; je te réponds de lui ! » Cette pensée était bonne ; pourquoi ne pas l'exécuer?

— Mon Dieu ! miss Mary, — dit Alphonsine en regardant son institutrice avec anxiété, — est-ce que mon père serait malade ?

— Sans être malade, il est languissant depuis plusieurs jours ; le départ de votre mère lui enlève les quelques heures d'intimité dont le soir il jouissait près d'elle ; ne pourriez-vous faire demander à M. de Morville s'il lui plairait que vous vinssiez travailler près de lui ?

— Vous le permettriez ?

— De grand cœur, mon enfant.

— Quelle bonne idée ! — s'écria joyeusement la jeune fille. — Mais vous, miss Mary ?

— Moi, naturellement je vous accompagnerai, pour que nos travaux ne soient pas interrompus.

Quelques instants après, un domestique rapportait de la part de M. de Morville l'acceptation empressée de l'offre qui lui était faite, et Alphonsine procédait à ce qu'elle appelait son *déménagement*, avec cet empressement et cette gaîté qui font à cet âge une fête d'un changement de place. Bientôt, l'on fut installé dans le cabinet de M. de Morville, lui au coin du feu, miss Mary en face d'Alphonsine, assise à une table, sur laquelle était placée une lampe distribuant aux trois personnes une lumière adoucie par un abat-jour vert.

— Je ne veux pas, miss Mary, — dit M. de Morville en souriant, — troubler Alphonsine et la faire *gronder :* aussi, pendant sa leçon, je vais reprendre le livre avec lequel je comptais passer ma soirée en tête-à-tête ; je serai *bien sage,* mais bien heureux, chère enfant, — ajouta-t-il en tendant la main à sa fille, — de te sentir ainsi près de moi.

— Ah! mon père, quelle charmante soirée! — dit Alphonsine en rangeant son petit *ménage* de travail sur la table et en achevant de s'installer. Puis, elle ajouta :
— Bon père, dans nos conventions de silence, j'ai oublié de me réserver le droit d'adresser des questions à miss Mary sur mes devoirs. Est-il encore temps de le réclamer ?

— Certainement, mon enfant.

— C'est que j'ai justement à interroger miss Mary sur une chose qui m'embarrasse beaucoup.

L'institutrice, afin de procurer une douce distraction à M. de Morville, voulut qu'Alphonsine trouvât elle-même la solution qu'elle cherchait, et la conduisant ainsi de déductions en déductions par d'ingénieux détours, elle lui fit parcourir l'ensemble des connaissances qu'elle avait acquises.

D'abord, M. de Morville n'écouta pas; mais bientôt, il fut frappé de quelques questions complètement en dehors de la routine des études ordinaires : ce n'était pas ainsi qu'il avait appris ; il prêta l'oreille avec une attention croissante. Si miss Mary interrogeait avec habileté, son élève répondait d'une manière nette, précise, éclairée. La mémoire seule ne suggérait pas les réponses d'Alphonsine ; son jugement, rempli de sagacité, tenait une large part dans l'appréciation qui suivait toujours le fait en discussion.

M. de Morville, de plus en plus intéressé, se retourna sur son grand fauteuil, pour mieux contempler, dans sa joie et dans son orgueil, cette enfant dont les progrès devenaient si rapides, et qui s'exprimait avec tant de justesse et d'intelligence. Il regardait Alphonsine dans une sorte de doux recueillement; elle n'était ni belle ni même jolie, mais son pur et frais visage était empreint de cette candeur sereine, de cette félicité charmante qui valent la beauté. La jeune fille, pour être plus prompte à la répartie dans la discussion avec son institutrice, s'était levée; sa taille accomplie se dessinait avec avantage; son œil noir, grand et doux, brillait ce soir, encore plus vif et plus gai que de coutume; son teint s'était animé d'un léger incarnat, et s'il survenait quelques questions difficiles, la jeune fille, par un mouvement d'une grâce naïve, levait les yeux au plafond, en rejetant en arrière de son front ses longues boucles de cheveux châtains, comme s'ils eussent gêné sa pensée.

M. de Morville, absorbé dans la contemplation de son enfant, oubliait cette contrainte pénible, amère comme un remords, qu'il éprouvait depuis quelque temps en présence de miss Mary; il écoutait Alphonsine avec avidité, s'inquiétant tout bas de la question proposée, triomphant en lui-même de la réponse trouvée; puis, se tournant vers miss Mary, il semblait lui dire du geste et du regard :

— Merci, merci, à vous à qui je dois cette jouissance pour le cœur d'un père.

En ce moment entra madame Pivolet. Elle n'avait pas été prévenue de cette soirée improvisée ; aussi éprouva-t-elle une sorte de stupéfaction en voyant miss Mary installée avec Alphonsine dans le cabinet de M. de Morville, qui ne les quittait pas du regard.

La femme de charge avait dans ses attributions le soin de visiter le linge de M. de Morville ; l'on ne s'étonnera donc pas de la voir traverser lentement le cabinet pour entrer dans la chambre à coucher.

Lorsque madame Pivolet eut disparu, Alphonsine, ignorante de son triomphe, dit timidement à M. de Morville :

— Mon père, est-ce que j'ai bien répondu ?

— A merveille, mon enfant ; tu as dépassé toutes mes espérances.

— Que je suis contente ! — s'écria la jeune fille en s'élançant dans les bras de miss Mary. — Ah ! mon père ! — continuait-elle en restant ainsi gracieusement suspendue au cou de son institutrice et en tournant sa figure rougissante de bonheur vers M. de Morville, — tu ne sais pas que si je t'ai satisfait, c'est à cette chère miss que je le dois : c'est si doux d'apprendre avec elle !... Elle vous fait tout aimer, tout adorer., devoirs, études, piano, dessin, histoire, tout enfin, jusqu'à l'harithmétique ! Juge un peu, vous faire adorer l'arithméthique ! Que veux-tu ! elle vous ferait aimer tout ce qu'elle voudrait ; mais aussi, je la défie bien d'empêcher qu'on l'aime !

— Alphonsine, — reprit miss Mary en riant, — ce n'est pas moi qui vous ai appris de pareilles flatteries.

— Ma fille dit tout simplement ce que nous pensons tous, — reprit M. de Morville, qui jusque-là n'avait pas encore parlé à miss Mary.

Il allait ajouter quelques paroles de remerciement, lorsqu'il entendit du bruit à la porte de son cabinet.

— Qui donc est là ? — reprit-il étonné.
— C'est Pivolet, — dit Alphonsine ; — u n el'as pas vue passer tout-à-l'heure ?

— Que faites-vous là, madame Pivolet?

— reprit M. de Morville en se retournant vers la porte.

— Monsieur, — répondit la femme de confiance en paraissant, les bras chargés d'une pile de linge, — c'est moi ; je m'occupe de mon devoir, je remplis mon devoir.

— Vous pourriez remettre cette occupation à demain.

— Monsieur, — répondit madame Pivolet d'un ton solennel, — l'on n'est jamais certain du lendemain.

— Bon ! — reprit M. de Morville, ayant retrouvé quelque gaîté dans les douces jouissances qu'il venait d'éprouver ; — vous qui connaissez si bien les secrets de la magie, vous devez être aussi quelque peu nécromancienne et prévoir l'avenir : demain n'est donc pas un secret pour vous.

— Comment, Pivolet, — reprit Alphonsine en riant aux éclats, — tu es magicienne ?... C'est délicieux !

— Monsieur votre père m'a menacée de l'exil, mademoiselle, si je me servais de mes recettes magiques pour conjurer le mauvais sort qu'une diabolique et malfaisante personne a jeté sur la femme d'un pauvre homme, — reprit madame Pivolet d'un ton contraint et dolent ; — je ne peux donc répondre à votre question, mademoiselle... l'exil est suspendu sur ma tête... je la courbe... je la prosterne...

— Si la femme du vieux berger n'était pas en voie de guérison, madame Pivolet, — reprit M. de Morville, — et si, par conséquent, le père Chênot n'avait reconnu l'extravagance de vos sorcelleries... je ne plaisanterais pas du tout, vous le savez, sur un tel sujet... Mais lorsque les folies ne sont pas dangereuses, j'ai pour elles quelque indulgence.

— Qui vivra verra, Monsieur, — dit madame Pivolet d'un ton mystérieux. — La femme du père Chênot n'est pas guérie, tant s'en faut. Je ne veux pas m'exposer à l'exil. Aussi je resterai bouche close.

— Et vous aurez raison, madame Pivolet.

— Je suis née pour obéir et me taire, Monsieur; vous, pour commander et parler; je m'incline, — répondit la femme de charge, en faisant à son maître une profonde révérence ; puis, jetant un coup d'œil sournois et oblique sur miss Mary, elle ajouta :

— Qui vivra verra. Je retourne à la visite de mon linge... Qui vivra verra.

Et elle rentra dans la chambre à coucher.

— Miss Mary, — reprit M. de Morville en souriant, — madame Pivolet est entrée fort à propos pour votre modestie... Elle a interrompu les remerciements que je vous adressais... Mais, rassurez-vous, ce sera, si vous le permettez, à madame votre mère que j'écrirai tout ce que nous ressentons pour vous.

— Oh! mon père, quelle bonne et charmante idée! — dit Alphonsine en embrassant son institutrice, qui lui rendit ses caresses avec effusion; — je suis certaine que miss Mary ne refusera pas ces louanges-là! Son père, sa mère, ses sœurs, dont elle me parle souvent, seront si heureux de savoir comme elle est aimée ici! S'ils songent à miss Mary, elle n'est pas ingrate, oh non! elle est toujours avec eux par la pensée. Aussi, quelquefois, j'accuse miss Mary de n'être pas ici, mais en Irlande, dans *son* Irlande! Alors, tu ne sais pas, père, pour obtenir mon silence sur ces excursions clandestines, elle m'emmène avec elle, mon Dieu, oui! Tandis que tu nous crois tranquilles dans notre chambre, nous faisons de charmants petits voyages dans la verte *Erin,* dont miss Mary prononce le nom avec enthousiasme et attendrissement.

— Hélas! mon enfant, — reprit M. de Morville, — c'est que dans ce noble pays si malheureux et si beau, miss Mary a laissé une famille pour qui elle s'est généreusement dévouée !

Les deux jeunes filles étaient restées enlacées ; miss Mary ne releva pas sa tête, appuyée sur le front d'Alphonsine, où avaient posé ses lèvres ; mais étendant sa main vers M. de Morville, elle sembla repousser à la fois un éloge et un souvenir douloureux.

Un profond silence régna pendant quelques instants. Madame Pivolet sortit de la chambre voisine et traversa l'appartement, sans être remarquée, ainsi que ces personnages menaçants du drame que le spectateur voit marcher dans le fond du théâtre, mais qui passent inaperçus des autres acteurs de la pièce.

Alphonsine, rompant la première le silence, dit à M. de Morville :

— En parlant à miss Mary de *son* Irlande, je crains de l'avoir affligée.

— Non, non, chère enfant ! — répondit la jeune Irlandaise avec effusion, et tâchant de cacher les larmes qui lui venaient aux yeux, — ces souvenirs du pays et de la famille sont toujours doux pour le cœur.

— Vrai, chère miss Mary, vous ne me gardez pas rancune? — reprit Alphonsine en souriant; — eh bien! prouvez-le-moi.

— Oh! de tout mon cœur... Que faut-il faire?

— M'accorder ma récompense accoutumée, si, toutefois, vous êtes contente de moi ce soir...

— C'est à M. de Morville de répondre, — dit miss Mary; — il a assisté à nos leçons, et, pour vous, son appréciation vaudra, je l'espère, la mienne, chère enfant!

— Je trouve qu'Alphonsine a mérité toutes les récompenses possibles, — reprit M. de Morville. — Mais cette récompense, quelle est-elle ?

— Quand mes devoirs sont finis, et que miss Mary est contente, — reprit Alphonsine, — pour clore la journée, elle me lit un morceau qu'elle a choisi, et aujourd'hui, elle m'avait promis de me lire les adieux et le départ de *Jocelyn*.

— Cela me fait regretter de n'avoir pas ici l'ouvrage de Lamartine, — dit M. de Morville ; — j'aurais eu, comme toi, ma part de récompense... et pourtant je n'y ai d'autre droit que le bonheur dont j'ai joui ce soir.

— Mais moi, qui suis fille de précaution, — dit gaîment Alphonsine en tirant le volume de son panier à ouvrage, — j'ai apporté ce cher *Jocelyn*... très résolue, je te l'avoue, à mériter le plaisir qui m'était promis.

Et elle présenta le volume à son institutrice, qui hésitait à le prendre.

— Je vous le demande en grâce, miss

Mary, — dit M. de Morville, — ne vous refusez pas au désir d'Alphonsine. Qu'en me quittant ce soir, cette chère enfant n'ait aucun regret d'être venue passer sa soirée près de moi.

Miss Mary prit le livre et le feuilleta pour chercher le passage annoncé.

— Tu te souviens, père, — dit Alphonsine en prenant une petite chaise et s'asseyant entre son père et son institutrice, —Jocelyn a appris que sa sœur est obligée de renoncer à un mariage qu'elle désirait ; le peu de fortune de la famille, partagée entre deux enfants, rend sa dot trop faible. Cet excellent frère, afin que sa sœur ait une dot convenable, déclare à sa mère qu'il veut se faire prêtre et renoncer au monde ; mais, pour se rendre au séminaire, il attend que sa sœur soit mariée. Son seul désir est de trouver dans le bonheur de sa sœur la récompense du dévouement qu'il s'impose et dont personne n'a le secret. Nous en sommes là, et je me rappelle les deux vers qui terminent son récit du mariage de sa sœur :

Et je disais tout bas, dans mon cœur satisfait.
Ce bonheur est à moi, car c'est moi qui l'ai fait !

A ces mots, M. de Morville se souvint de

plusieurs traits de touchante ressemblance
entre la position de *Jocelyn* et celle de miss
Mary, car elle abandonnait aussi sa famille pour lui venir en aide ; il se prépara
donc à écouter la lecture du poème avec
un redoublement d'intérêt, docile au petit signe d'intelligence que lui fit Alphonsine pour lui recommander le silence.

Miss Mary, d'un ton plein de naturel,
commença la lecture de cette dernière
journée que le futur prêtre passe dans la
maison maternelle, où toute chose semble vouloir sympathiser avec ses tristes
adieux. La voix douce et sonore de la
jeune Irlandaise se prêtait merveilleuse-

ment à cette lecture, et son accent devint d'une mélancolie navrante lorsqu'elle dit ce passage :

> Quand on se rencontrait, on n'osait se parler,
> De peur qu'un son de voix ne vînt vous révéler
> Le sanglot dérobé sous le tendre sourire,
> Et ne fît éclater le cœur qu'un mot déchire.
> On allait, on venait, mère, sœur, à l'écart,
> Préparaient à genoux les apprêts du départ,
> Et chacune, les mains dans le coffre enfoncées,
> Cachait, avec ses dons, une de ses pensées.
> On s'asseyait ensemble à table, mais en vain,
> Les pleurs se faisaient route et coulaient sur le pain.

La pauvre miss Mary luttait courageusement contre son émotion ; elle ne voulait pas paraître chercher une allusion personnelle dans ce tableau tracé par notre grand poète ; mais plus son accent exprimait la réalité de ces sentiments, plus ces sentiments, si analogues à sa position, la pénétraient elle-même, et il lui fallait un rare courage pour retenir ses larmes.

M. de Morville et sa fille écoutaient avec un indéfinissable attrait ces vers sublimes; miss Mary, en servant d'interprète au génie, exprimait ses pensées, ses regrets, ses douleurs.

Alphonsine, d'abord suspendue aux lèvres de son institutrice, partagea bientôt son émotion ; ses larmes coulèrent, et à ces deux derniers vers du suprême adieu :

<blockquote>
Son baiser lentement sur mon front descendit,
Et je n'entendis pas ce qu'elle répondit,
</blockquote>

La jeune fille, sanglotant, appuya sa tête sur les genoux de Mary, tandis que M. de Morville ne pouvait lui-même retenir ses pleurs.

L'institutrice, fermant alors à moitié le livre, laissa tomber une de ses mains charmantes sur la brune chevelure de son élève, et leva vers le ciel ses yeux remplis de larmes.

Le silence fut long et profond.

Ces trois personnes s'étaient comprises sans échanger une parole. Alphonsine, dont les impressions étaient plus mobiles, devait, la première, vaincre cette émotion, et elle s'écria d'un ton de regret en regardant la pendule :

— Dix heures !

— Déjà ! — dit à son tour M. de Morville.

— Et j'ai encore une grande leçon d'histoire à étudier pour demain matin ! — dit Alphonsine.

— Je prierai miss Mary de t'excuser, mon enfant, — lui répondit son père en la baisant au front ; — j'ai d'ailleurs encore à lui adresser une prière.

— Laquelle, monsieur ?

— Miss Mary, j'ai passé une si bonne soirée ! Combien je serais heureux si celle de demain lui ressemblait !

— Rien de plus facile, monsieur ; nous reviendrons, si vous le désirez.

— Nous le désirons tous, — dit joyeusement Alphonsine.

— Merci, du fond du cœur, miss Mary ! — dit M. de Morville ; — merci !

Et il reconduisit les deux jeunes filles jusqu'à la porte de son appartement.

Lorsque M. de Morville revint et qu'il se trouva seul, il se jeta dans un fauteuil, cacha sa figure entre ses mains, et murmura douloureusement :

— Ma fille ! mon bon ange a disparu.... Sa chaste candeur ne m'impose plus..... ma tendresse paternelle ne me distrait plus de cette passion insensée ; je vais rester seul avec les souvenirs de cette journée.... de cette soirée... Ah ! malheur à moi !... malheur à moi, si jamais je trahissais mon funeste secret !

VII

VII

Pendant l'absence de madame de Morville, les leçons du soir furent données par miss Mary à Alphonsine dans l'appartement de son père; ces relations nouvelles redoublèrent l'intimité de ces trois personnages de notre récit. En présence de sa fille, son *bon ange*, comme il l'appelait, M. de Morville, tout entier à l'amour paternel, n'eût pas osé flétrir, dégrader ces joies sacrées en y mêlant quelque pensée mauvaise ; mais, dans la solitude qu'il cherchait et où il n'avait pas à redouter la présence d'Alphonsine ou de son institutrice, il s'abandonnait à cette passion aussi profonde que cachée avec une sorte de joie amère, contemplant, comme à plaisir, les douloureux ravages qu'elle faisait dans son âme.

L'institutrice était douée d'un caractère trop élevé, d'un caractère trop pur ; elle croyait trop au bien et à la sainteté de la famille pour concevoir le moindre soupçon d'un amour qui l'eût épouvantée ; d'ailleurs rien ne trahissait cet amour, ni dans les paroles ni dans les regards de M. de Morville. Si, malgré sa contrainte pleine de respect et son attention à peser, pour ainsi dire, chacun de ses mots, il lui échappait une expression trop vivement affectueuse, miss Mary l'attribuait naturellement à la reconnaissance paternelle.

M. de Morville partageait souvent les promenades de sa fille et de son institutrice ; Alphonsine allant, venant, courant, sautant avec la folle gaîté de ses seize ans, laissait ainsi parfois son père et miss Mary tête-à-tête pendant quelques instants.

Un jour, M. de Morville, profitant de l'une de ces absences momentanées d'Alphonsine, dit à miss Mary, en lui parlant de madame de Morville :

— Lorsque, jeune encore, j'eus quitté le service, et que je songeai à me marier, je ne rêvais que cette existence, où deux cœurs, unis dans un commun bonheur, trouvent tout en eux-mêmes, et demandent à peine au dehors de rares distractions. Cette vie de félicité intime m'échappa dès les premiers jours de mon mariage : le monde avait peu d'attraits pour moi; une autre cause que vous connaissez, miss Mary, le désir de cacher à ma famille le délabrement de ma santé, m'éloignait encore des plaisirs bruyants. Au bout d'un an, j'avais compris qu'il me fallait renoncer à la douce existence que je m'étais promise ; mais j'étais trop honnête homme, mais j'aimais trop ma femme pour lui imposer mes goûts. Son seul tort était de ne pas comprendre la vie de la même manière que moi ; je fis pour assouplir mon caractère de généreux efforts : j'étais assez emporté...

— N'étiez-vous pas du sang des la Botardière ? — dit miss Mary avec un sourire de malice.

— Je n'étais pas tout-à-fait doué de la même impétuosité que mon terrible oncle, — reprit M. de Morville avec un sourire forcé, s'étonnant de n'avoir pas captivé davantage l'intérêt de la jeune fille, — mais j'avais une certaine chaleur de sang que l'état militaire ne devait pas tempérer : je m'imposai une inaltérable douceur; l'habitude du commandement fit place à une infatigable condescendance. Que vous dirai-je? à force d'empire sur moi-même, je suis devenu tel que vous me voyez, miss Mary. Cependant, est-ce la violence faite à mes goûts, à mon naturel? Je ne sais. Mais lorsque je ne suis pas sous l'heureuse influence de la présence de ma fille, je cède parfois à des accès de morne découragement, je n'ose pas plus parler à madame de Morville de ces crises morales que des crises maladives auxquelles je suis sujet. Vous le voyez, miss Mary, avec de rares éléments de félicité, ma vie est quelquefois digne de pitié.

L'institutrice, continuant de marcher à côté du père de son élève, ne répondit rien.

M. de Morville, assez inquiet de ce silence, le rompit le premier, et dit avec une anxiété contenue :

— Miss Mary, j'abuse peut-être de l'attachement que vous avez toujours témoigné à notre famille, en vous parlant de ces vagues chagrins ; j'aurais dû vous remercier simplement des heureux moments que je passe chaque soir entre ma fille et vous ; je regretterais de vous avoir attristée par une semblable confidence, vous qui avez personnellement tant de sujets de regrets et de chagrin.

Et il s'arrêta pour attendre une réponse.

— Excusez-moi, Monsieur, d'avoir gardé le silence, — dit miss Mary, en continuant de marcher ; — si je ne vous parlais pas, c'est que je m'adressais une question.

— Laquelle, miss Mary?

— Si madame de Morville eût été à ma droite, comme vous êtes à ma gauche, et qu'elle eût entendu vos confidences, Monsieur, je me demandais ce qu'elle aurait pu dire à son tour?

— Je crois n'avoir jamais mérité... je ne mériterai jamais un reproche de madame de Morville.

— Tout-à-l'heure, en me parlant de vos

vagues chagrins, très vagues, en effet, permettez-moi de vous le dire, Monsieur, puisque le ciel vous a donné une femme comme la vôtre, une fille comme Alphonsine, vous étiez ému ; j'ai cru deviner des larmes dans votre voix ; mais il y a un moment où madame de Morville eût versé, elle aussi, des pleurs plus amers peut-être que les vôtres...

— Que voulez-vous dire, miss Mary?

— Lorsque vous faisiez allusion à ces crises maladives qui ajoutaient à votre éloignement du monde, si madame de Morville eût insisté, si elle eût appris la vérité que vous m'avez confiée, croyez-vous donc qu'elle n'eût pas accueilli avec surprise et douleur la révélation de ce triste mystère? N'eût-elle pas eu raison de vous demander compte de votre silence au moment de votre mariage? Vous n'avez rien caché de ce qui concernait votre fortune à la famille de madame de Morville; et à elle, à elle... vous ne lui avez pas dit ce qui intéressait une vie dont vous lui offriez la moitié !

— Mais alors, les retours de ces crises étaient éloignés; elles n'avaient rien d'alarmant; je voulais, avant tout, épargner à ma femme des soucis et des inquiétudes,

— reprit M. de Morville, ainsi rejeté bien loin des idées auxquelles, sans calcul, il se laissait entraîner.

— Et de quel droit, Monsieur, rendez-vous ainsi madame de Morville presque coupable à son insu ?

— Coupable ! s'écria M. de Morville.

— Oui, Monsieur, coupable ! Est-ce que les soins qui peuvent vous soulager, les distractions qui peuvent vous sortir de ce découragement, ce n'est pas à madame de Morville que vous devez les demander?

Est-ce que parfois, lorsque vous l'avez suppliée de prendre part aux plaisirs du monde, votre pensée, injuste malgré vous, je le veux, ne compare pas les fêtes dont elle s'amuse à l'abandon où vous êtes? Alors, malgré vous, votre affection pour elle se refroidit peut-être, et ce refroidissement le mérite-t-elle? Oh! non! ne le croyez pas. Instruite du mal que vous lui cachez, elle eût été pour vous encore plus tendrement dévouée, encore plus ingénieusement aimante! Pourquoi donc doutez-vous d'elle, Monsieur, avant de l'avoir éprouvée?

— Miss Mary! — s'écria encore M. de

Morville, — je n'ai jamais douté du cœur de ma femme.

— Aussi, Monsieur, n'est-ce pas elle que j'accuse. Car enfin, ce secret, qu'un hasard m'a révélé, à moi, ne pouvait-il pas être connu de personnes étrangères, et divulgué, envenimé par la médisance? De sorte qu'en entrant dans ces salons où madame de Morville se rend avec la sérénité d'une conscience irréprochable, on aurait murmuré autour d'elle : — « Son « mari souffre seul, et elle est ici! Son « mari se meurt peut-être, et elle se pare, « elle cause, elle rit, elle s'abandonne aux « joies de ce monde!... » — Mais savez-vous, Monsieur, que cela est cruel d'exposer une femme de cœur à de pareilles calomnies?

— Miss Mary, vous êtes sévère. Le motif de mon silence envers madame de Morville...

— Part d'un sentiment rempli de générosité, je le sais, Monsieur. Mais, puisque vous m'autorisez à vous parler en toute sincérité...

— Oh! je vous en conjure.

— Il y a quelque chose de blessant pour

madame de Morville dans votre générosité même. C'est presque la croire au-dessous de ses graves devoirs de mère et d'épouse, que de lui refuser, à son insu, le bonheur de les remplir! A qui, mon Dieu! devons-nous confier nos douleurs, nos chagrins, sinon à ceux-là mêmes que le ciel a placés près de nous pour les partager, pour les adoucir, pour les consoler? Croyez-moi, Monsieur, ne gardez plus une telle réserve envers madame de Morville, promettez-moi...

— Pourquoi vous interrompre, miss Mary?

— Parce que, à mon âge et dans ma

position, Monsieur, je n'ai aucun droit à attendre une promesse de votre part.

— Hésiteriez-vous, du moins, à me conseiller ?

— Non; aussi, je vous en supplie au nom de votre affection pour madame de Morville, ne lui faites pas l'injure de lui cacher plus longtemps le secret que j'ai appris par hasard.

— Miss Mary, — répondit M. de Morville d'un accent pénétré, — je vous donne ma parole d'honnête homme qu'à ma première crise, je confierai tout à ma femme.

En ce moment, Alphonsine, après une course légère qui l'avait conduite jusqu'au bout de l'allée, où se promenaient son père et miss Mary, revint vers eux.

— Monsieur, — dit tout bas miss Mary à M. de Morville en lui montrant la jeune fille, — voici encore quelqu'un dont j'oubliais de réclamer la part dans vos souffrances.

Alphonsine reçut le même jour une lettre de son frère ; après l'avoir lue, elle la plaça sur sa table de travail, puis, se remettant à son dessin, elle ne put s'empêcher de dire avec une sorte d'impatience :

— Est-il singulier, ce Gérard !

— Alphonsine, — reprit miss Mary, — vous dites cela d'un air presque fâché.

— C'est vrai ! ses lettres ne sont plus du tout ce qu'elles étaient. L'année dernière, il me racontait d'une façon si drôle toutes les folies qu'on disait au collège, les tours qu'on jouait aux maîtres, et jusqu'aux *bêtises* qu'il inventait lui-même, car il était souvent très en fonds ; aujourd'hui (dans sa correspondance du moins), il a toujours un air mécontent, chagrin. Je croyais lui causer un grand plaisir en lui annonçant que mon père consentait à ce qu'il sortît du collège; je lui apprenais aussi que ma mère, dans son prochain voyage à Paris, le prendrait pour le ramener ici avec elle. C'est à peine si ce méchant frère me dit quelques mots de ces bonnes nouvelles. Et ce n'est pas tout; il y a quelque chose de plus grave.

— Vraiment, Alphonsine? Voilà qui devient sérieux.

— Ne plaisantez pas, chère miss Mary;

c'est très vilain ce que m'écrit Gérard. Figurez-vous qu'il me raille sur les soirées que nous passons auprès de mon père ; il dit que nous devons joliment l'ennuyer avec nos études.

— Allons, — dit miss Mary en souriant, — c'est un peu d'envie.

— Au fait, c'est fort possible. Et quant à la chagrine humeur que je lui ai reprochée, savez-vous, miss Mary, ce que mon frère me répond ?

— Que répond M. Gérard ?

— Qu'il devient homme, et qu'à mesure que sa raison se forme et se développe, toutes les choses lui apparaissent sous un autre jour. Je vous demande un peu, miss Mary, M. Gérard qui devient homme? quelle prétention, à dix-sept ans et demi! Ah! si c'est là le commencement d'un homme, devenir chagrin, grognon, qu'est-ce qu'il sera donc quand il sera homme tout-à-fait?

— Chère enfant, — reprit l'institutrice en souriant de la boutade de son élève, — je crains que votre dessin ne se ressente un peu de votre impatience contre M. Gérard.

— Mon dessin! cela me fait justement souvenir d'une autre très mauvaise plaisanterie de monsieur mon frère. Est-ce ma faute, à moi, si ses maîtres sont, comme il le dit, laids et bourrus? On croirait qu'il est jaloux de ce que je sois aussi heureusement partagée qu'il l'est mal. N'ose-t-il pas mettre en doute tout ce que je lui raconte de vous, miss Mary! Enfin, aujourd'hui, dans sa lettre, ne va-t-il pas jusqu'à m'écrire d'un ton très impertinent qui m'a révoltée : « Est-ce que vraiment elle sait un peu dessiner, TA miss Mary?... » Comprenez-vous cela?

— Voilà qui devient très inquiétant

pour mon amour-propre de professeur, — reprit en riant l'institutrice ; mais, chère enfant, pourquoi toujours parler de moi dans votre correspondance avec votre frère ?

— De quoi donc puis-je parler, sinon de mon père, de ma mère, de vous, miss Mary, de tous ceux enfin qui m'entourent et que j'aime ?

— Rassurez-vous ; lorsque M. Gérard sera ici, vous ferez la paix avec lui, et j'espère qu'il la fera aussi avec moi.

— Ah ! je connaîtrais bien un moyen de

nous venger de lui. Il s'agirait d'une conspiration.

— Dois-je en être?

— Certainement.

— Si je dois y jouer mon rôle, dites-moi en quoi consisterait le complot.

— Il s'agirait d'un portrait.

— Le portrait de qui?

— De moi, miss Mary.

— Et pour qui?

— Pour mon frère. Je suspendrais le portrait, sans en rien dire, à la cheminée de la chambre de Gérard, et il l'y trouverait le jour de son arrivée.

— Et ce portrait, qui le ferait?

— Vous, chère miss Mary, et alors je dirais à M. Gérard : Eh bien! Monsieur, trouvez-vous *qu'elle sait un peu dessiner,* MA *miss Mary?...* J'espère que ce serait une bonne vengeance!

—Excellente, et digne de votre cœur,

chère enfant! Je ne verrais aucun inconvénient à entrer dans le complot, mais encore faudrait-il que votre mère me demandât votre portrait pour M. Gérard.

— Oh! s'il ne s'agit que de cela, ma bonne petite miss Mary, ce méchant frère aura sa surprise, et il ne demandera plus si vous savez dessiner. Quel bonheur! Je vois d'ici son air penaud, en tenant mon portrait à la main et le regardant avec admiration.

. . . .

Madame de Morville, de retour de son

excursion chez madame de Noirfeuille, ne trouva rien de changé dans les paisibles habitudes de cette vie de famille à laquelle nous avons tâché d'initier le lecteur. M. de Morville fut, comme toujours, tendre, prévenant pour sa femme; Alphonsine fit gaîment à sa mère une gentille petite guerre sur son absence, prolongée de quelques jours au-delà du terme fixé; miss Mary avait compris l'espèce de jalousie maternelle de madame de Morville : elle sut, à force de tact et d'ingénieuses délicatesses, continuer de se faire pardonner les merveilleux progrès de son élève.

Les jours, les mois s'écoulèrent ainsi;

M. de Morville, trop homme d'honneur et trop pénétrant pour jamais rien attendre de sa folle passion, trop sûr de lui-même pour la trahir, profitait de toutes les occasions qui lui permettaient, en présence de sa femme ou de sa fille, de jouir de la présence, de l'esprit et des talents de miss Mary. — Puis, seul, il s'abandonnait sans contrainte aux rêveries cruelles de cet amour sans espoir, dont il rougissait et que personne heureusement ne devinait.

L'institutrice, partagée entre l'affection toujours croissante qu'elle portait à son élève, et les souvenirs de sa famille et de

Henry Douglas, vivait, dans ce petit monde, aussi heureuse qu'elle pouvait l'être loin de ceux qu'elle avait laissés à Dublin, et supportant avec une résignation stoïque les conséquences de la ligue formée contre elle par madame Pivolet et les serviteurs de la maison; ces souffrances cachées aux yeux de tous, et que l'on connaîtra plus tard, étaient cruelles et incessantes; mais trop fière, trop généreuse pour se plaindre, miss Mary s'efforçait de paraître heureuse, et continuait son œuvre de dévoûment; son charme agissait puissamment sur madame de Morville, ainsi peu à peu guérie de sa jalousie maternelle, miss Mary insistant toujours auprès d'Alphonsine pour que celle-ci passât tout le temps de ses récréations avec sa mère. Il faut le dire aussi, les compliments que madame de Morville recevait de ses voisins sur les remarquables progrès de sa fille, qu'elle adorait; la flatteuse envie qu'excitait dans sa société la *possession* d'une institutrice aussi distinguée que miss Mary; la modestie pleine de tact et de bon goût avec laquelle celle-ci savait toujours s'effacer, afin de faire valoir son élève, satisfaisaient assez l'orgueil maternel de madame de Morville pour qu'elle ne vît plus dans la jeune Irlandaise *une rivale* d'Alphonsine.

S'agissait-il d'une promenade dans les

environs, ou d'assister à une fête de campagne avec quelques personnes venues au château, miss Mary avait toujours un excellent prétexte pour rester étrangère à ces distractions, se retirer chez elle et laisser Alphonsine à la surveillance de sa mère, épargnant ainsi à madame de Morville le jaloux déplaisir de voir son *institutrice* entourée d'hommages qui lui eussent paru un vol fait à sa *fille*. Nous le répétons, grâce à son excellent et judicieux esprit, miss Mary avait su éviter tous les écueils (apparents du moins) de sa condition, et trouver ce milieu si difficile entre la douceur qui attire et la dignité qui impose.

Vers le commencement de juin, madame de Morville devait aller à Paris pour y chercher son fils et le ramener au château, où il devait passer ses vacances ; la veille de ce départ, pendant qu'Alphonsine l'aidait dans quelques préparatifs de voyage, sa mère lui dit gaîment :

— Es-tu capable de garder un secret ?

— Oh ! maman, peux-tu en douter ?

— Ce secret, tu le garderas, même pour miss Mary.

— C'est plus difficile ; mais à nous deux,

elle et moi, nous ne le laisserions pas échapper, je t'en réponds.

— Aussi bien, ton institutrice doit être tôt ou tard dans la confidence. Ainsi, mon Alphonsine, je te laisse liberté entière à son égard. Mais de tout ceci pas un mot à ton père. C'est lui que nous devons surprendre.

— Alors, sois tranquille!

— Cet hiver et ce printemps, j'ai reçu, tu le sais, de nos amis et de nos parents, de nombreuses invitations; j'ai pensé à donner ici une fête le jour même de mon retour de Paris avec Gérard... Je suis déjà convenue de tout avec madame Pivolet et le jardinier ; ce sera charmant ; ton père ignorera tout... jusqu'au moment de l'arrivée des invités.

— Oh ! tu as raison... ce sera charmant !

— Nous nous arrangerons pour faire remonter Gérard dans sa chambre, pendant la fête ; alors seulement il trouvera le délicieux portrait que miss Mary a fait de toi... pour prouver à ce médisant que ton institutrice *sait un peu dessiner*.

— De mieux en mieux !

— Mais je voudrais que tu eusses aussi un joli rôle dans cette fête... et que tu y fusses admirée, mon Alphonsine !

— Moi, bon Dieu ! *admirée !* n'y songe pas !

— J'y songe beaucoup, au contraire, et m'énorgueillis d'avance de l'effet que tu produiras.

— Moi ? produire de l'effet ! en vérité, maman, je tombe des nues.

— Mais écoute-moi donc; à la dernière grande soirée que nous a donnée madame de Noirfeuille, sa fille, Clavie, qui est beaucoup moins bonne musicienne que toi, car elle n'a pas une miss Mary pour institutrice, a joué, sur le piano, un morceau qui a eu le plus grand succès ; si tu avais vu avec quel bonheur madame de Noirfeuille, cette heureuse mère, recevait les félicitations de tout le monde sur le talent de sa fille, tu comprendrais, chère enfant, que je veux jouir à mon tour d'un pareil triomphe. Tu as fait, grâce à miss Mary, des progrès extraordinaires, et l'on n'aura pas assez d'applaudissements pour ma petite virtuose.

— Mais, maman, je n'ai jamais touché du piano devant personne !

— Tant mieux ! tant mieux ! l'effet sera beaucoup plus grand et plus inattendu ; il me semble que j'entends déjà dire de tous côtés : « Quel talent possède made-
« moiselle de Morville ! qui aurait jamais
« cru cela en la voyant si modeste ! c'est
« vraiment extraordinaire ! » Et les ap-
plaudissements de recommencer. Alors, moi, tu juges, mon Alphonsine !... ma seule crainte est de pleurer comme une folle.

—Pauvre chère maman, comme tu m'aimes !

— Je t'aime, rien de plus simple. Toutes les mères font comme moi, mais toutes les mères n'ont pas le droit d'être orgueilleuses de leurs filles.

— Hélas! chère maman, j'ai grand'peur que tu ne t'abuses sur le triomphe que tu attends de moi.

— Pourquoi cela?

— Tu veux que je joue du piano en public?

— Je ne rêve qu'à cela.

— Malheureusement, la musique que je sais n'est pas de nature à faire le moindre effet; le monde qui s'amuse n'aime pas beaucoup, je le crois, les sonates de Mozart ou de Beethoven.

— Je n'entends pas grand'chose à la musique, mais je suis sûre que miss Mary ne t'a pas appris que d'ennuyeux morceaux d'étude.

— Que veux-tu, maman? elle ne songe pas à me faire briller, mais à m'instruire.

— Alors, à quoi bon tant étudier?

—Mais pour apprendre, pour savoir.

— Savoir, savoir, à la bonne heure !... Mais du moins faut-il que le monde sache que vous savez.

— Oh ! mon Dieu ! pourvu que toi et mon père, vous soyez satisfaits, moi, je n'en demande pas davantage, ni miss Mary non plus.

— C'est possible; mais moi je suis plus exigeante.

— Pourtant, maman...

— Alphonsine, je le veux... je t'en prie!

— Alors, je demanderai à miss Mary qu'elle veuille bien m'indiquer un morceau.

— Il me semble qu'au moins pour ce que je désire, tu peux t'en rapporter à moi.

— Pour la musique?

— Certainement, pour la musique. J'ai je crois le droit d'avoir un goût comme une autre?

— Oui, maman.

— Je te parlais de Flavie, la fille de madame de Noirfeuille. Je l'ai entendue jouer une œuvre qui est encore toute nouvelle et d'un grand effet. Ce morceau est de Thalberg.

— Ah! mon Dieu! de Thalberg! — dit Alphonsine en joignant les mains avec épouvante. — de Thalberg!! mais tu ne sais donc pas que toutes les compositions de cet auteur sont de la plus grande difficulté, et exigent une habileté d'exécution que je ne posséderai jamais! J'ai la main trop petite dans ces exercices, qui sont de vrais tours de force ; ce n'est pas ma faute. Miss Mary n'est pas flatteuse, tu le sais ; aussi me disait-elle dernièrement encore qu'en travaillant, je deviendrais bonne musicienne, mais jamais une exécutante.

— Il ne s'agit pas de ce que pense miss Mary, et d'invoquer son autorité pour contrarier mon désir.

— Maman, excuse-moi, je n'ai pas voulu te fâcher.

— A la bonne heure ! Mais il est inconcevable que je trouve chez toi cette résistance. La fille de madame de Noirfeuille, dont l'institutrice est bien loin d'avoir le talent de miss Mary, a produit le plus grand effet dans le morceau de Thalberg. Tu peux, si tu le veux, obtenir le même succès, et ce sont, de ta part, des objections sans fin! C'est insupportable! La première chose que miss Mary devrait t'apprendre, ce me semble, c'est d'obéir à ta mère!

Alphonsine, à ces reproches, ne put retenir quelques larmes. Madame de Morville, regrettant ses brusques paroles, attira sa fille dans ses bras et la plaça, toute grande qu'elle était, sur ses genoux en l'embrassant avec effusion. La pauvre enfant oublia son chagrin passager pour répondre aux tendresses de sa mère. Ce léger nuage passa, et Alphonsine, souriant à demi malgré les larmes qui roulaient encore dans ses yeux, dit à sa mère :

— Aussitôt que tu seras arrivée à Paris, tu m'enverras le morceau que tu aimes, et je l'étudierai pour le *grand jour*.

Madame de Morville partit, et n'envoya la partition qu'au bout de plusieurs jours. C'étaient des variations de Thalberg sur le *Moïse* de Rossini. Miss Mary fut affligée de ce choix, en parcourant ce déluge de notes qui parfois exigent que les deux mains apportent successivement au même chant le concours de leur agilité; mais Alphonsine ayant raconté son entretien avec sa mère à miss Mary, celle-ci se résigna et fit étudier le *Moïse* à son élève.

. . . .

Le voyage de madame de Morville ne dura que quelques jours; elle fut bientôt de retour avec son fils Gérard.

VIII

VIII

Gérard, arrivé de Paris le matin à six heures avec sa mère, s'était aussitôt rendu dans l'appartement de son père, où se trouvait Alphonsine. Les premiers embrassements échangés, la jeune fille, avec une curiosité naïve, examina son frère, qu'elle n'avait pas vu depuis un an.

— Mais vois donc, mon père, comme Gérard est devenu grand ! — disait-elle en se redressant et approchant son épaule gauche de l'épaule droite du jeune homme.

— Tu te laisses donc pousser la moustache, mon frère ? Elle est gentille, elle est gentille, elle est fine, mais ce n'est pas encore ce qui s'appelle une *forêt*. — Viens donc un peu au jour, près de la fenêtre. — Maman, tu n'as pas remarqué ? ses yeux sont maintenant d'un bleu foncé. Je les aime mieux de cette nuance. C'est très distingué, des yeux bleus avec des cheveux bruns.

Gérard se prêtait complaisamment à

l'examen de sa sœur. C'était un jeune et beau garçon de bientôt dix-huit ans, d'une taille svelte et dont le teint mat et uni se colorait d'un rose vif à la moindre émotion.

Madame de Morville et son fils allèrent prendre quelque repos en attendant le déjeuner. C'était seulement à cette heure que Gérard devait voir miss Mary, dont il n'avait pas prononcé le nom une seule fois depuis son arrivée ; mais, en revanche, Alphonsine lui avait souvent répété d'un air triomphant :

— Tu vas enfin la connaître, MA *miss Mary !* tu verras ! tu verras !

Afin de *mieux voir,* sans doute, Gérard fit subir de notables changements à sa toilette, rejetant soigneusement tout ce qui pouvait rappeler le *collégien;* aussi, lorsqu'il parut dans le salon sans oser chercher du regard si miss Mary s'y trouvait, Alphonsine lui dit en riant :

— Comme te voilà beau, Gérard! tu n'as plus l'air d'un lycéen, tu as l'air d'un véritable jeune homme. Quelle jolie cravate! Cette veste de bazin blanc à boutons de nacre est très élégante ; et des bottes vernies, Dieu me pardonne! des bottes vernies, te voilà au grand complet! Eh bien! sans te flatter, je t'aime beaucoup mieux ainsi qu'avec ton uniforme bleu, ton chapeau rond, tes gros souliers lacés et tes bas de coton couleur d'azur.

A ces souvenirs rétrospectifs que sa sœur évoquait en riant de tout son cœur, Gérard devint d'autant plus cramoisi qu'en levant les yeux, il aperçut miss Mary à deux pas de lui. Il la salua profondément.

— Monsieur Gérard, — lui dit-elle cordialement, — votre chère sœur m'a si souvent parlé de vous, de vos études, de vos parties de jeu et même de vos *pensums*, que nous sommes déjà de vieilles connaissances.

Ces allusions au passé du collége ne flattèrent pas extrêmement Gérard ; aussi fût-il pendant tout le repas très froid avec l'institutrice, qu'il regardait cependant à la dérobée toutes les fois qu'il le pouvait tenter sans être vu de sa sœur. A la fin du déjeuner, madame de Morville prononça un mot qui, pour le moment, glaça la joie que sa fille éprouvait du retour de son frère.

— Alphonsine, lui dit-elle, — et *Moïse ?*

— Ah ! maman, — répondit la pauvre enfant en soupirant, — je l'ai étudié chaque jour de toutes mes forces, et aujourd'hui encore je vais le travailler avec miss Mary. Elle te dira que je fais de mon mieux.

— Je rends pleine justice au zèle et aux efforts d'Alphonsine, — répondit l'institutrice, — mais cette partition...

— Je la connais, — répliqua vivement madame de Morville en interrompant miss Mary ; — ce morceau doit produire beaucoup d'effet ; je tiens absolument à ce que ma fille le joue, et elle le jouera.

Après le déjeuner, Alphonsine prit le

bras de son frère, et l'emmenant à l'écart, lui dit à mi-voix d'un air rayonnant :

— Eh bien ?

— Quoi ? — reprit Gérard de l'air du monde le plus naïf, — que veux-tu dire, Alphonsine ?

— Et miss Mary ?

— Ah ! miss Mary...

— Oui, comment la trouves-tu ?

— Mais pas mal, — répondit le jeune garçon, en cherchant à prendre un air railleur et dégagé ; — non, vraiment, elle n'est pas trop mal... *pour une maîtresse d'école.* . . . .

. . . .

Le secret ayant été scrupuleusement gardé auprès de M. de Morville, ce fut seulement à l'heure du dîner, au retour d'une longue promenade adroitement ménagée par sa femme, qu'il apprit, en voyant de nombreux préparatifs, qu'une fête devait avoir lieu le soir au château. Il applaudit à l'idée de madame de Morville, quoique, dans la disposition d'esprit où il se trouvait, il eût préféré la solitude au tumulte du monde.

Gérard, après s'être introduit furtivement chez madame de Morville avec un terrible battement de cœur, afin de soustraire à la toilette maternelle un bâton de cosmétique dont il espérait un grand secours pour donner à sa moustache et à sa barbe naissante une couleur plus foncée, plus *mâle*, Gérard était rentré dans sa chambre pour s'habiller ; il chiffonna cinq ou six cravates, dont il ne trouva pas le nœud assez bien fait, et il creva deux paires de gants paille, se rappelant les sinistres prédictions du gantier : — Monsieur, vous prenez des gants beaucoup trop petits. Enfin, après s'être promené une demi-heure de long en large dans sa chambre afin de *briser* des souliers neufs et trop étroits, il jeta un dernier regard sur son miroir, et descendit avec une peur horrible de se rencontrer tête-à-tête avec miss Mary. Aussi, poussa-t-il un long soupir d'allégement en se voyant précédé dans le salon par son père et par sa mère.

Alphonsine parut bientôt, portant avec sa grâce naïve une délicieuse toilette que sa mère lui avait rapportée de Paris.

Miss Mary était vêtue d'une simple robe de mousseline blanche à manches courtes, qui découvrait à demi ses épaules; elle n'avait ni un ruban ni une fleur dans ses cheveux, dont les soyeuses et longues boucles encadraient son visage. Cependant, madame de Morville resta douloureusement frappée d'une admiration jalouse, en contemplant la jeune Irlandaise, lont le charme ne devait pourtant pas la surprendre. Mais, soit que, si léger qu'il fût, le changement de toilette de miss Mary rendît plus éclatante encore son éblouissante beauté, soit que madame de Morville regardât pour ainsi dire *son* institutrice avec les yeux des personnes qui, ne la connaissant pas, allaient bientôt s'extasier sur cette ravissante personne, la mère d'Alphonsine éprouva un vif ressentiment d'envie. Toisant alors miss Mary d'un regard presque irrité, elle ne put s'empêcher de lui dire avec une sorte d'aigreur mal dissimulée, faisant allusion à la coupe de la robe, qui laissait nus les bras charmants et les non moins charmantes épaules de la jeune fille :

— Une robe montante et à manches longues eût peut-être été plus convenable, mademoiselle Lawson.

— Vous avez sans doute raison, — répondit la jeune fille avec douceur, — mais je n'ai pas d'autre robe habillée que celle-ci.

A cette réponse, qui rappelait la pauvreté de miss Mary, madame de Morville ne sut que répondre; mais elle se prit à secrètement maudire la fâcheuse idée d'avoir voulu donner cette fête, dans laquelle son institutrice, qui jusqu'alors, nous l'avons dit, s'était toujours ingéniée à se tenir à l'écart, pouvait, par cela même, produire une grande sensation.

La pauvre Alphonsine, absorbée par

cette redoutable arrière-pensée qu'elle était condamnée au thème de *Moïse*, s'approcha lentement du piano pour y déposer la fatale partition ; elle n'entendit pas la désobligeante observation de sa mère sur la toilette de miss Mary, et dit d'une voix presque suppliante :

— Maman, c'est toujours bien convenu, je jouerai le *Moïse ?*

Et elle ne put réprimer un gros soupir en jetant sur son institutrice un regard désespéré qui semblait dire :

— Intercédez une dernière fois pour moi afin de m'arracher à ce supplice.

L'institutrice comprit la torture de son élève, et dit à demi-voix à madame de Morville :

— Mon devoir d'institutrice et mon affection pour Alphonsine m'autorisent à vous parler, madame, en toute sincérité.

— Eh bien! mademoiselle?

— Eh bien, madame, je crains que l'exécution du *Moïse* par Alphonsine laisse quelque chose à désirer.

— Alors, mademoiselle, — reprit sèchement madame de Morville, — c'est que vous ne l'aurez pas fait suffisamment travailler.

— Le succès d'Alphonsine, s'il eût été possible, m'eût rendue trop heureuse pour que je n'y aie pas donné tous mes soins, madame, — répondit l'institutrice de plus en plus surprise de l'aigreur croissante de madame de Morville, qui jusqu'alors l'avait traitée avec tant de bienveillance. —

Alphonsine, croyez-moi, madame, n'a rien à se reprocher dans cette circonstance.

— Alors, mademoiselle, je suis forcée de croire qu'il y a de votre part insouciance, je ne voudrais pas dire mauvais vouloir, parce que c'est moi qui ai choisi ce morceau.

— Madame, permettez...

— Mademoiselle, je ne permettrai jamais que l'on se fasse une sorte de malin plaisir de mettre ma fille en opposition avec moi...

— De grâce !... madame...

— Et puisque vous parlez de vos devoirs, mademoiselle, sachez que le devoir d'une institutrice est de se rendre agréable aux personnes qui lui accordent leur confiance.

Et madame de Morville, voyant son fils et son mari aller au-devant de quelques personnes invitées à la fête, les rejoignit, laissant miss Mary encore plus surprise qu'affligée des dures paroles de madame de Morville, et qui, heureusement, n'étaient pas parvenues aux oreilles d'Alphonsine.

FIN DU DEUXIÈME VOLUME.

Impr. de E. Dépée, à Sceaux.

EN VENTE.

OUVRAGES D'ALEXANDRE DUMAS, TERMINÉS.

LE VÉLOCE
Tomes 3, 4 et derniers.

LE TROU DE L'ENFER | **DIEU DISPOSE**
4 volumes. | 6 volumes.

ANGE PITOU
8 volumes.

LOUIS SEIZE
5 volumes.

www.ingramcontent.com/pod-product-compliance
Lightning Source LLC
Chambersburg PA
CBHW071525160426
43196CB00010B/1664